JR中央線沿線の不思議と謎

東京近郊編

天野宏司・監修
Koji Amano

JIPPI Compact

実業之日本社

はじめに

ＪＲ中央線の前身である甲武鉄道が開業したのは、一八八九（明治二二）年四月である。名前の通り甲斐国と武蔵国を結ぶ計画だったが、当面は新宿〜立川間（同年八月には八王子まで延伸）が開業した。今を去ること約一三〇年も前のことである。

この甲武鉄道は、多摩と東京を結ぶ東西方向の動線といえる。

現在でこそ多摩は東京都に属しているが、もともと三多摩は神奈川県の所属であった。つまり神奈川県西多摩郡青梅町だった。当時、横浜の港は諸外国に開港し、そこから大量の生糸・絹織物が輸出されていた。これを運ぶため多摩と横浜を南北に結ぶ「絹の道」があり、横浜へいたる南北方向の動線が重視されていても不思議ではなかった。

にもかかわらず、東西方向の動線として甲武鉄道が敷設されたのはなぜか。その背景には「玉川上水通船《つうせん》事業」の存在が大きく関わっている。本書でも触れているが、この通船事業は、一八七一（明治四）年四月〜翌年五月まで、玉川上水の上を百余艘の小舟が行き交って貨客を運搬していた。計画自体は、江戸時代までさかのぼる。元文年間（一七三六〜一七四一）には江戸町人によって、一七七〇（明和七）年には、小平村の小川家によって申請されるなど、多摩と江戸を直接結ぶ交通手段は羨望の的であった。

一八六九（明治二）年の出願で結実するものの、願いむなしくわずか二五か月で玉川上水の水質汚濁を理由に禁止されてしまう。

通船事業禁止後は、手を変え品を変え、多摩と江戸（東京）を結ぶプランが立てられ、結果、帰着したのが一八八九（明治二二）年の甲武鉄道の開業だった。つまり、多摩の住民にとって、南北方向の動線以上に、東西方向の動線が重要であった。今日へと続くＪＲ中央線の前身・甲武鉄道の胎動は「玉川上水通船事業」にあったといえるだろう。

私は「鉄」分こそ少な目だが、その昔、拝島駅北口に敷かれた、「米《べい》タン（米軍燃料輸送タンク車）」を横田基地へ引き込む線路上で、一人スタンド・バイ・ミーごっこをして遊んでいた多摩の人間である。いまもそのすぐ脇を玉川上水の清流が流れている。

本書では、多摩のことはもちろん、沿線の歴史、地理にもページを割いている。また、通常であれば中央線なら中央線だけ、青梅線・五日市線なら青梅線・五日市線といった切り口になるが、本書は両方を含めた沿線地域を対象とした。より広範な読者層に楽しんで頂けるであろうとの意図である。中央線・青梅線・五日市線で、今まで気になっていたこと、もしかしたら気にもとめていなかった不思議なことを知る手助けになったら幸いである。

二〇一八年六月　天野宏司

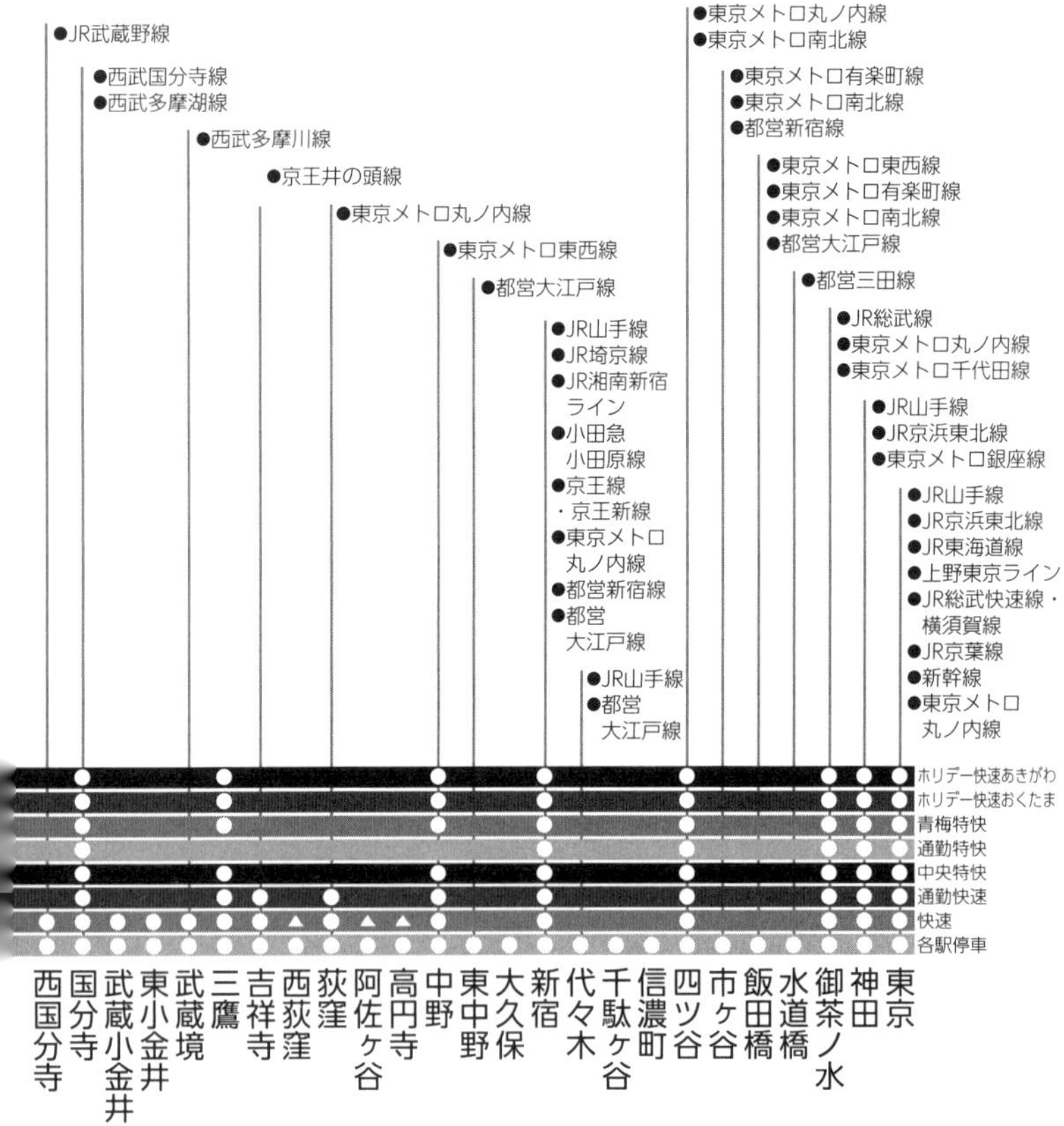

中央線

※ △＝土・日・祝日のみ通過

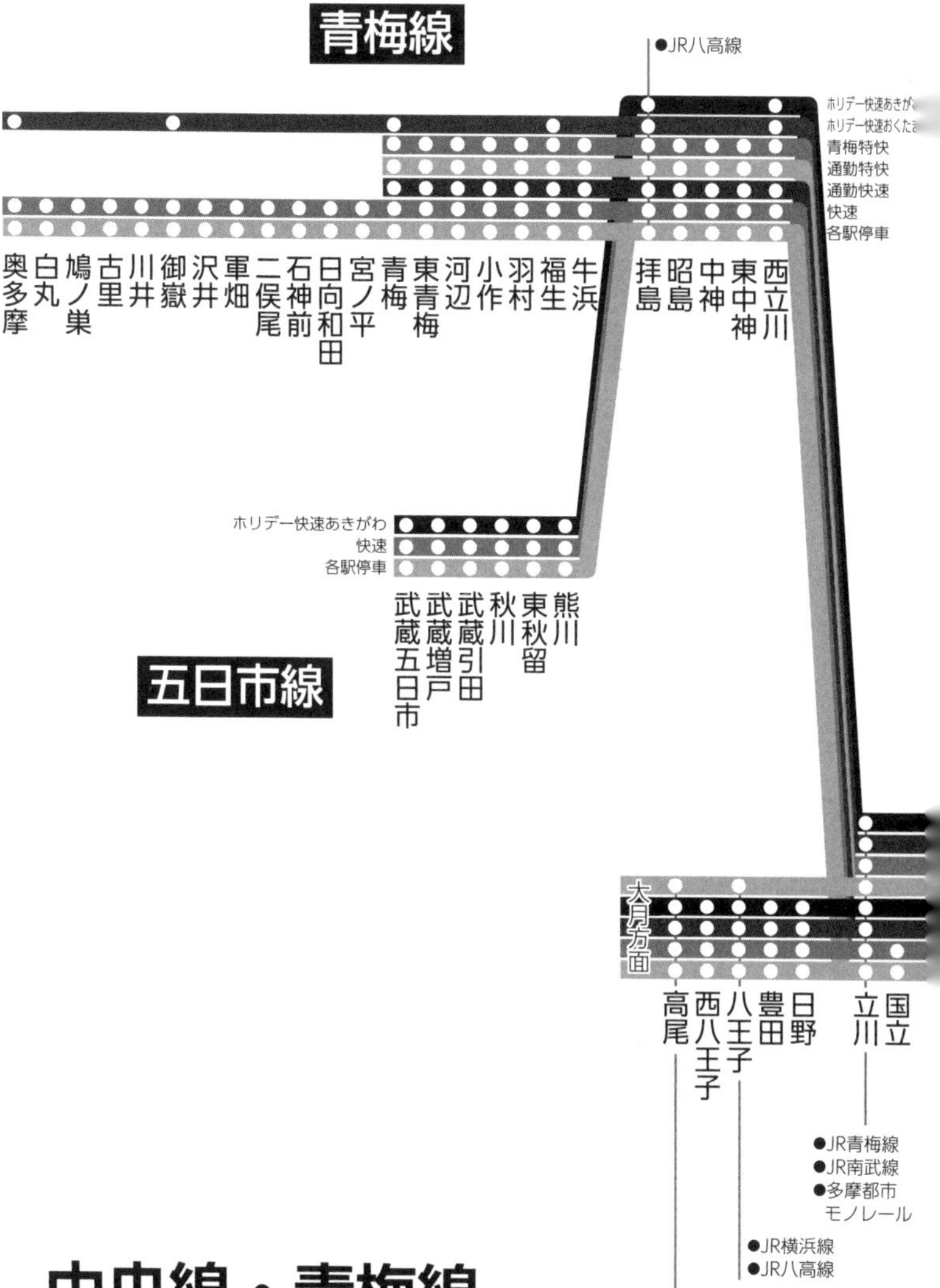

中央線・青梅線
五日市線 路線図

中央線沿線の不思議と謎　東京近郊編《目次》

第一章　そういうことだったのか！ 路線と駅の不思議

01

第二章 意外な事実が見えてくる中央線の鉄道事情

02

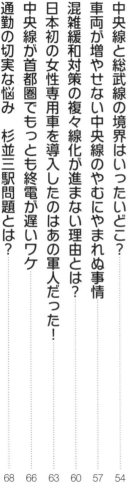

第三章 観光ガイドとはひと味違う! 沿線の地理・歴史を巡る

03

第四章 個性豊かな中央線文化 沿線の街おもしろ案内

04

第五章　レトロな面影を残す鉄道遺産を行く　05

第六章 知らなかった！ 驚いた！ 駅名・地名の謎

06

◎凡例　各項目見出し下には、最寄り駅の路線名と駅名、中央線の駅ナンバリングが記されています。アルファベットは、JC＝中央線快速・青梅線・五日市線、JB＝中央線・総武線各駅停車を表わしています。本書の内容は、とくに明記がない場合は二〇一八（平成三〇）年六月時点の情報に基づいています。

カバーデザイン・イラスト／杉本欣右
本文レイアウト／Lush!
本文図版／イクサデザイン
本文写真（本文ページに記載したものを除く）／NoriNorisa（P35）、Kotaro Negawa（P43）、Nakayamarapid（P75）、mhaw（P83）、Tyoron2（P85）、suikotei（P99）、阿佐ヶ谷パールセンター商店街（P113）、TANAKA Juuyoh（P117）、えくてびあん（P141）、つ（P145）、Fuchu（P149）、Tamurono157（P153）、Roman SUZUKI（P165）

第一章

そういうことだったのか！路線と駅の不思議

東中野〜立川間はなぜ定規で引いたような直線なのか？

中央線
JB
08
東中野
ひがしなかの
Higashi-Nakano

中央線
JC
19
立川
たちかわ
Tachikawa

中央線の東中野〜立川間は、本州では最長の二四・七キロメートルもの直線区間となっている。日本全体ではJR北海道の室蘭本線、函館本線の次に長い。長い直線区間というのは、市街地や地形の起伏の有無によって敷設するのが難しい路線だが、どうしてここでは実現できたのだろうか。

それは、この路線を開業するときのある意外な理由によるものだった。

中央線の前身である甲武《こうぶ》鉄道《てつどう》（当初は甲武馬車鉄道）は、一八八九（明治二二）年の敷設に際し、多くの貨物輸送や乗客が見込める甲州街道か青梅街道の近くに線路を敷きたいと考えていた。

まず甲州街道沿いの町村に打診したところ、周辺の住民が、汽車から出る煙や飛び散る火の粉を敬遠して猛反発。さらに農民たちも、耕地を突っ切られると耕作地が減って困ることや、耕地が分断されれば道を迂回しなければならず、肥料や収穫の運搬が困難になることを理由に挙げて反対した。

中央線の直線区間

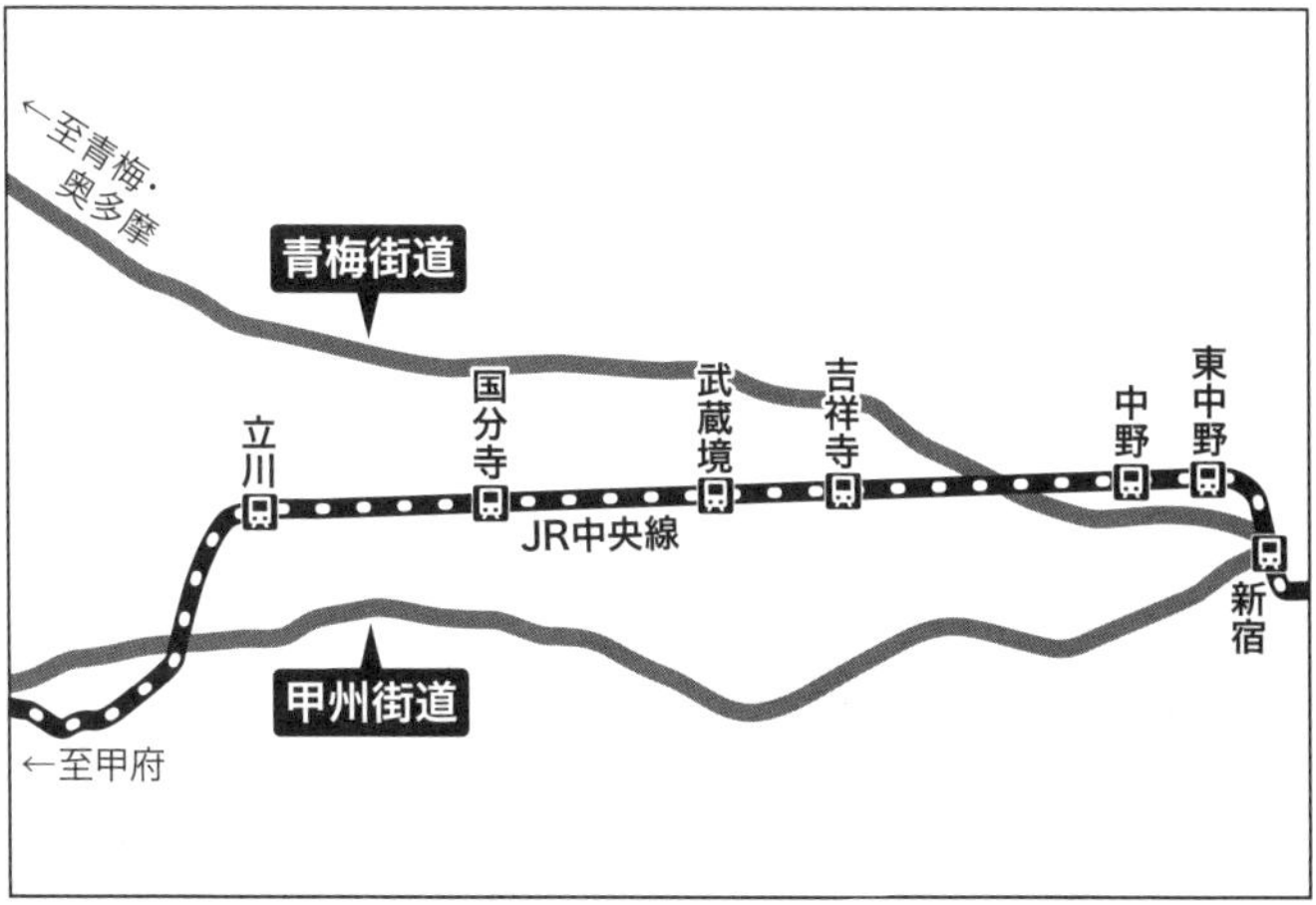

中央線の前身・甲武鉄道は、青梅街道と甲州街道の宿場町から忌避されたため、やむなく両街道の間に広がる原野に直線で敷設した。

また高井戸《たかいど》宿のような旧宿場町では、鉄道が通ると旅人に宿場を素通りされて宿が立ち行かなくなるという理由で、旅館経営者らが団結して反対運動を展開した。

それならばと、甲武鉄道は北側の青梅街道沿いに敷設することを考えたが、こちらの住民も反対に回った。

どちらの街道でも、住民の大半が町村の外に出る必要がなく、鉄道は生活に必要なものではなかったのだ。鉄道の便利さよりも、煙をまき散らしたり宿場が廃れたりする負の側面を懸念して反対していた。

机上の赤線がそのままルートに？

沿線予定地の激しい反対運動のためにル

ートが決まらず、甲武鉄道の首脳部は頭を抱えた。そこで両街道の中間である、中野村から立川村にかけての原野に線路を敷いた。当時そこは人があまり住まない原野だったため、障害物がなく一直線の敷設ができたといわれている。また街道沿いに敷設すると傾斜を大きく下る必要があり、経済的、技術的な側面からも傾斜のない現在のルートが支持されたともいわれる。

この線形について、驚くような理由で決まったという裏話が、かつての国鉄で語り継がれていた。両街道の激しい反対で切羽詰まった工事担当者の仙石貢《せんごくみつぐ》（発案者の服部九一《はっとりきゅういち》ともいわれる）が、ここなら何もないからいいだろうとやけくそになり、「エイヤッ」と定規で一直線の赤い線を引いたというのだ。それが甲武鉄道のルートとして採用されて現在の直線区間ができたらしいが、あくまで逸話である。

真偽のほどは定かではないが、実際に地図を見ると東中野〜立川間の路線は定規で引いたようにきれいな直線であることも事実だ。経済的、技術的側面からルートが決められたのかもしれないが、線形を決める際に、大胆に直線を引くということもあったのかもしれない。

こうして中央線が敷かれた東中野〜立川間の原野はその後、駅を中心に市街地が形成され、宿場町を上回る賑わいになっていく。

中央線の都心区間が曲がりくねっているワケ

中央線 JC 05 JB 10
新宿
しんじゅく
Shinjuku

中央線 JB 16
飯田橋
いいだばし
Iidabashi

中央線は不思議な線形をした路線である。前項で紹介したように、東中野〜立川間が直線であるが、都心区間に入った途端に大きくS字カーブを描く。そのため東京〜新宿間は直線距離であれば六キロメートルだが、実際は一〇・三キロメートル。東中野〜立川間のように直線で敷かれていれば、乗車時間も短縮できるだろう。

ではなぜ中央線の都心区間は、わざわざS字カーブになっているのだろうか。

これはルート選定の段階で、青山練兵場（現・神宮外苑、一二六ページ参照）前を経由してほしいという要望があったことが発端である。

当時、市街地への乗り入れを計画していた甲武鉄道は、新宿から四ツ谷、市ケ谷へと出て、外濠《そとぼり》の土手沿いに神田三崎町《みさきちょう》へ至るルートを想定していた。これは現在の都営新宿線のルートとほぼ一致しており、現在のように南へ迂回しないルートを考えていたということになる。

甲武鉄道の首脳部は、神田三崎町に置く予定の終点駅の用地を探していた。当時、同町には青山練兵場へ移転した陸軍練兵場の跡地があったため、のちに陸軍大将になる陸軍参謀の川上操六《かわかみそうろく》に敷設計画を打ち明け、練兵場跡の土地を借りたいと申し入れた。

すると川上は、神田三崎町駅の用地確保について協力する代わりに、軍が新たに建設した青山練兵場を経由することを要望してきた。つまり新宿から一度南に迂回する現在のルートである。軍部も自分たちが利用しやすい鉄道が欲しかったのである。

しかし、そうなれば所要時間が伸びるうえ、資材も余分に必要になり、敷設コストが上がる。しかも当時は人家もまばらで鉄道開業後の採算が見込めないこともあり、甲武鉄道側も当初はこの迂回ルートに難色を示していた。

だが結局、軍部からの要求ということと、逆に青山方面の利用客を開拓できる目算もわずかばかりあったため、最終的には新宿から代々木、千駄ケ谷、信濃町を迂回して、外濠沿いを進む現在のルートに決定したのである。

迂回ルートに出された四つのクレーム

敷設工事はすんなりとはいかなかった。今度はこのルートに対して宮内省（現・宮内庁）や陸軍から四つもクレームがつくという事態に見舞われたのである。

このうち二つは宮内省からだった。現在の新宿御苑は当時、御料地となっており、鴨場

中央線のルートに影響した四つの要請

皇室の鴨場であった新宿御苑に開通させれば、カモが寄り付かなくなると宮内省が反対したが、陸軍参謀川上操六の取り成しで許可。

東京市区改正委員会が、風致地区である外濠の景観を損ねるとして敷設に反対。だが道路との立体交差や松並木の保護を条件に許可。

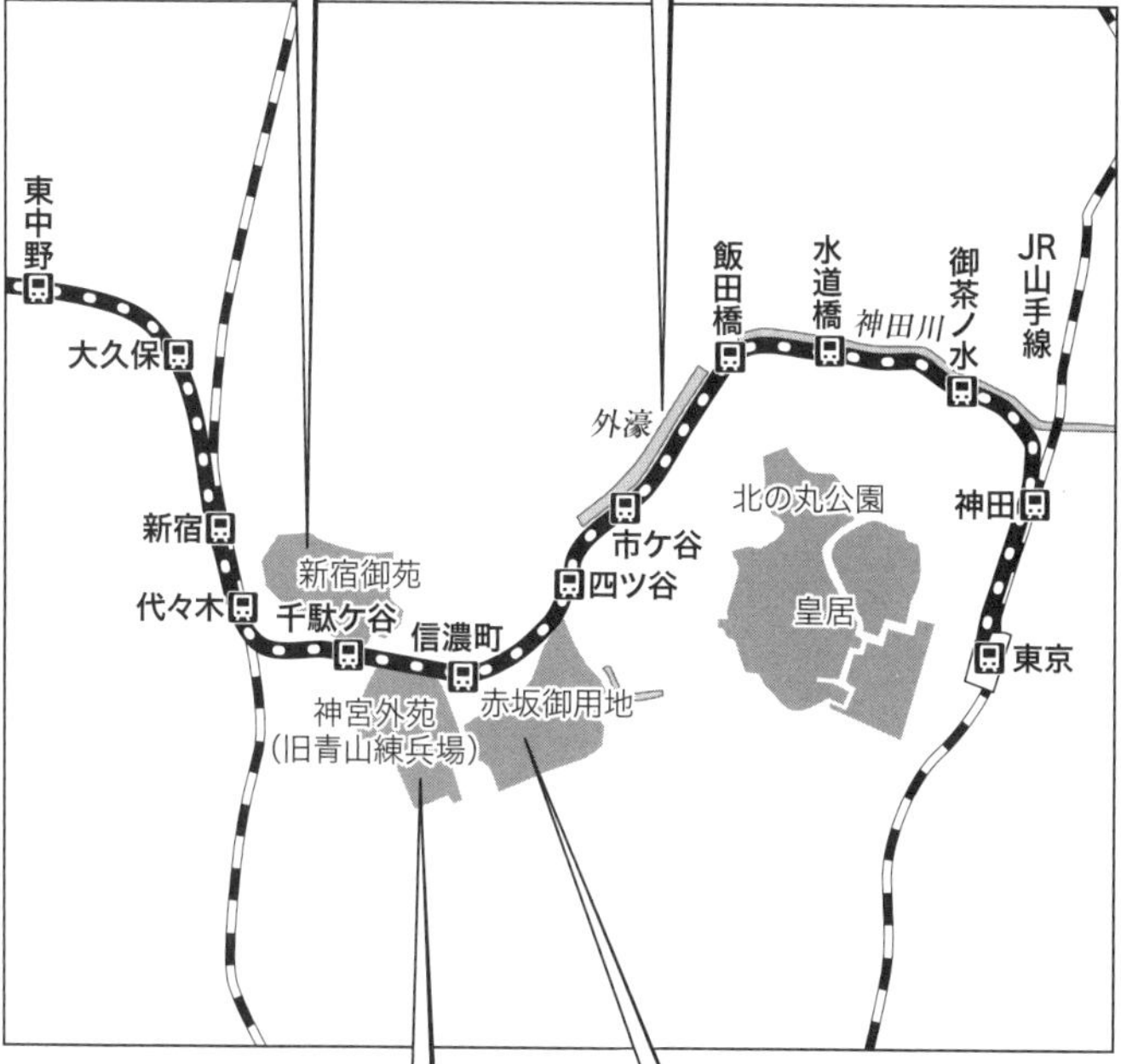

線路が青山練兵場の敷地にかかるため陸軍が敷設を反対。しかし兵員輸送のために練兵場ルートを要請された経緯もあり、軍用線の設置や外濠の現状維持などの条件で許可。

宮内省が、赤坂御用地の地下にトンネルを掘ることは不敬だと敷設に反対。しかし川上操六の取り成しによって許可された。現在も御所トンネルが残る。

都心延伸を目論む甲武鉄道は、陸軍参謀の川上操六より、青山練兵場を経由することを要請され、南へ湾曲した歪なルートになった。敷設に際しては、各省庁からクレームが相次いだが、提示された条件を飲むことで許可された。

として使われていた。鉄道が通れば列車の音に驚いて、御料地へカモが飛来してこなくなり、御料地で天皇陛下の御猟ができなくなる。また赤坂御用地の下にトンネルを掘るのは、皇室に対する不敬にあたるため反対だという。そのためルートを変えよと申し入れてきたのである。だがこの二つのクレームに対し、川上が宮内省に交渉した結果、社会のためならばやむを得ないと許可してもらった。

三つ目は、陸軍省が青山練兵場を通ることに反対したことだった。狭い練兵場をこれ以上窮屈にするわけにはいかないという理由からの反対だったが、川上の口添えもあり、外濠を塞がず、かつ青山練兵場の敷地をなるべく鉄道用地にしない、などといった陸軍省が提示した条件を満たすことで解決した。

四つ目は東京市区改正委員会からのクレームである。内務省を通して、四ツ谷から牛込（一三六ページ参照）にかけての外濠沿いの松並木を切り倒すのは環境保全のために許可できないと反対した。さらに彼らは敷設の位置の変更や道路との交差部をすべてトンネルにすることも要求してきた。甲武鉄道は、これらの要求にも応え、また外濠の松並木をなるべく伐採しないことを条件に許可を得た。

こうして甲武鉄道は、迂回ルートを採用したために立ちはだかったいくつもの難題を、一つずつ乗り越えて都心進出を果たしたのである。

青梅線が運んでいた人よりも大事なモノとは？

青梅線

青梅《おうめ》線は立川〜奥多摩《おくたま》間を結ぶ三七・二キロメートルの路線である。一八九一（明治二四）年設立の青梅鉄道が、一八九四（明治二七）年九月に開業した路線で、多摩の鉄道では甲武鉄道（現・中央線）に次いで二番目に古い。ただ、開業当時は立川〜青梅間の一八・二キロメートルの区間しかなかった。その翌年、青梅〜日向和田《ひなたわだ》（現・宮ノ平《みやのひら》）間の二・二四キロメートルを延伸。最終的に氷川《ひかわ》（現・奥多摩）駅まで達したのは一九四四（昭和一九）年のことである。

中央線との直通列車の運行もあり、都心と奥多摩の間で多くの旅客を運んでいる青梅線だが、開業当時は人が全然乗っていなかった。なにしろ青梅地域はその約七〇パーセントが山地。当時は人が大勢住んでいる場所ではなく、乗る人もまた少なかったのである。

旅客収入が期待できない場所にもかかわらず、多摩で二番目という早い時期に鉄道が敷かれたのは、石灰を輸送するためである。青梅の山地には石灰岩が広く分布していて、江戸時代から良質な石灰を産出してきた。石灰輸送のほうが、人を運ぶよりもはるかに利益になった。

また鉄道輸送が確立すれば、青梅の奥にある日向和田の石灰山の開発にも繋がるという目的もあった。

開業当時の青梅鉄道は、七六二ミリメートル軌間の軽便鉄道で、汽車が小さな車両を牽引した。スピードは遅く、子供が走って追い抜いたというエピソードまで残っている。石灰の輸送がメインなだけあって、旅客輸送を行なっていたのは立川～青梅間だけで、青梅～日向和田間は貨車のみの運行だった。その立川～青梅間ですら、客車は長い貨車の列の一番後ろに一、二両繋がれていただけで、主役はあくまで石灰であった。実際、当時の青梅鉄道の収入は、貨物が半分以上を占めていて、「青梅線、石より人が安く見え」という当時詠まれた川柳が伝わっている。

沿線に残る支線と採掘施設跡

一九二〇（大正九）年一月には二俣尾《ふたまたお》駅まで線路が伸び、その北側にある雷電山《らいでんやま》に採石場が設けられて約五〇〇メートルの専用線が敷かれ大規模な採掘、輸送が行なわれた。だが昭和初期以降になると、雷電山の石灰の枯渇が懸念されたため、日原川《にっぱらがわ》流域の石灰を求めて御嶽《みたけ》以西へ延伸していった。

青梅線沿線にある石灰採掘地跡

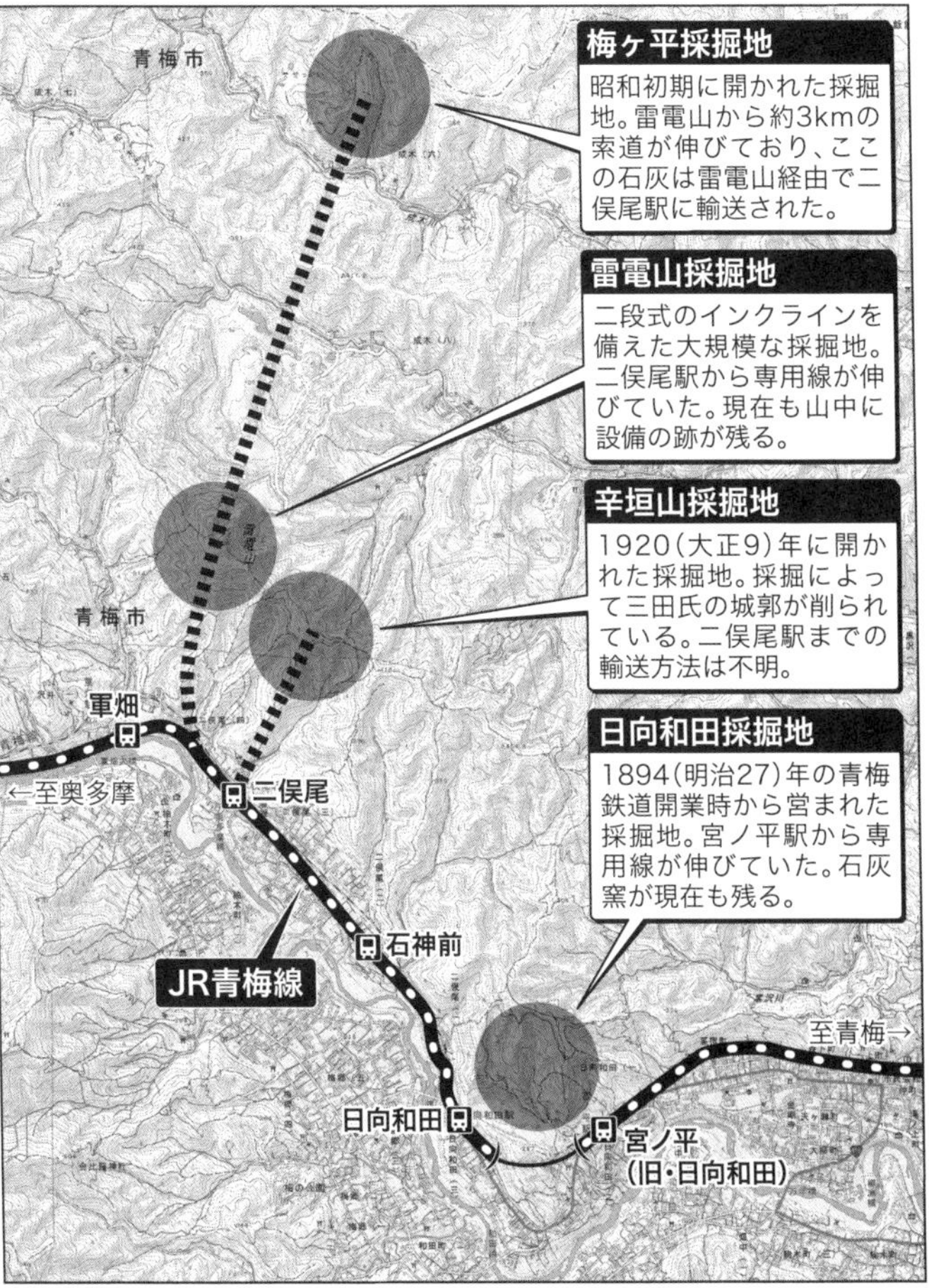

青梅鉄道は、青梅一帯で採掘される石灰を輸送することを目的として敷設された。現在でも採掘地や専用線があった場所には、数々の遺構が残る。(国土地理院地形図を加工)

このように青梅線一帯で盛んに行なわれた石灰の採掘だが、一九三〇年代のピークが過ぎ、一九四五(昭和二〇)年一〇月には浅野セメントが事業を閉鎖するなど、縮小の一途をたどった。石灰の輸送が主力だった青梅線も、貨物輸送のトラックへの転換のあおりを受け、一九九八(平成一〇)年八月一三日を最後に石灰貨物列車の運行が廃止された。

いまでは奥多摩や御嶽への旅客輸送のみだが、沿線には石灰輸送のために敷かれた路線であることを示す遺構が多数残っている。

宮ノ平駅の北東側には、石積みの石灰窯《いしばいがま》がある。上から石灰石とコークスを入れ、それらを焼いて生石灰《せいせっかい》を製造する窯で、一九四八(昭和二三)年から一九六九(昭和四四)年まで使われていた。また石灰窯への資材の荷揚げに使われた索道の土台だったと思われる、コンクリート製の構造物なども見ることができる。

ほかにも二俣尾駅から雷電山へ向かう専用線の跡をたどると、茂みのなかにレールや鉄橋、線柱、ポイントなどの鉄道設備の跡を見つけることができる。そして奥の雷電山にある採石場跡には、コンクリート製の廃ホッパー(貯蔵設備)や、索道の巻き上げ装置があった横穴などが残る。

御岳山や奥多摩だけでなく、このような石灰採掘と輸送で賑わった青梅線の歴史をたどってみるのも、沿線の観光として面白いだろう。

立川駅に横たわる「南北問題」の原因

中央線 JC 19
立川
たちかわ
Tachikawa

立川駅といえば、大規模なペデストリアンデッキが広がった立体的なデザインが特徴である。現代的な景観だが、じつは少し前まで立川駅には「南北問題」があった。ここでいう南北問題とは、同じ駅でも、北口と南口ではまったく様相が違うことを揶揄した言葉である。

北口周辺は、デパート群やホテル、シネマシティ、市立中央図書館などの文化施設が多く建ち並ぶ洗練された雰囲気である。一方、南口は東武ストア（現在は閉店）のある商業ビル以外、とりたてて大きな建物はなく、飲食店やパチンコ店などがゴチャゴチャと並んでいた。そういった雑多な雰囲気がいいという人も多いだろうが、とにかく同じ地域とは思えないほど、まったく違った雰囲気で、そのため、同じ間取りの部屋でも北口と南口では家賃に大きな差があったといわれるほどだ。

その後、モノレール建設のための区画整理で、南口周辺の商店が立ち退くことになり、それを契機に南口の開発を進めようとしたのだが、ちょうどバブルが崩壊し、再開発が遅れてしまった。その後は駅ビル「グランデュオ」（一九九九年）をはじめ、東急ストアやラーメンスクエアなどが入る「アレアレア」（二〇〇五年）や「エキュート立川」（二〇〇八年）などの大型施設が建ち並んでいるが、少し進んだ先にある小規模店舗が並ぶ町並みは健在である。

鉄道への対応の違いが、その後のまちの姿を変えた！

このように、今ではすっかり生まれ変わった南口だが、そもそもなぜ「南北問題」が生じてしまったのだろうか。きっかけは一八八九（明治二二）年、中央線の前身である甲武鉄道の新宿〜立川間が開通したときにさかのぼる。

鉄道が日本に導入された当時は、蒸気機関車が出す煙で建物が汚れる、音がうるさい、火の粉が飛んできて火事になるなどの風評が立ち、鉄道敷設に批判的な人も多かった。立川でも当初、駅の場所は当時の中心地だった諏訪神社近辺を予定していたが、案の定、地域住民の反対で断念した。そこで甲武鉄道は、別の場所へ駅を設置することにした。

その一方で、先見の明のある人々は、これからの地域の発展を考えるなら鉄道は必須であると理解していた。そこで積極的に鉄道および停車場（駅）の誘致を行なった。それが、現在の立川駅周辺の村々である。

当時この一帯で栄えていたのは、柴崎地区を中心とする立川村だった。現在の駅の南側の一帯である。甲武鉄道は立川村へ駅を置きたいと考えており、その旨を村に打診した。

このとき、駅の設置とともに村へお願いしたのが、大量の水の供給だった。当時は立川駅を終点として想定していたため、機関車や車両を洗浄するための機能が必要だった。

しかし、立川村の人々にとっても、水は貴重な資源である。そのため、駅舎の建設には異議はなかったものの、大量の水の供給に関しては、すんなりと承知しなかったのである。

そうした状況を知り、立川村とは別の砂川《すながわ》村が駅の誘致に乗り出した。現在の立川駅の北側一帯である。砂川村は甲武鉄道へ水の供給を申し出たのである。その代わりに出した条件が、砂川村に駅舎をつくって、こちらを改札口とすることと、駅との連絡道路の設置だった。

駅舎建設が予定よりも遅れて困っていた甲武鉄道は、すぐさまこの提案を受け入れた。砂川村の対応の早さがその後の発展を分けた。

こうして砂川村へ駅が設置され、かつ砂川村への改札口がつくられた。これが北口だったのである。そして北口側は、駅を中心として大いに栄えていった。

一方で水供給を断った立川村側には、一九三〇（昭和五）年まで入り口が設けられず、長らく市街地として発展が遅れていたのである。

唯一高架化していない荻窪駅 その理由とは？

中央線 JC 09 JB 04

荻窪
おぎくぼ
Ogikubo

新宿駅から高尾駅までを結んでいる中央線は、ほとんどの区間が高架化されている。一部切通や地上区間があるが、駅はすべて橋上駅舎である。

しかしそのなかでわずか一か所だけ地上駅がある。それは荻窪駅。ほかの駅がすべて高架化されて橋上駅舎になっているなか、ここだけが地上にあるのだ。

荻窪駅が地上駅であることにより、地元では弊害が出ている。住民たちからは「地上駅だと、そこで道路が分断されて両側を行き来するのが不便」「両側を行き来できるように駅構内に自由通路があるにはあるが、傾斜があるため子どもや年配者にとっては使いづらい」「まちが駅で二分されるため、まち全体としての回遊性が悪い」などといった意見が出ている。それを受けて、杉並区でも荻窪駅周辺まちづくり方針（案）の策定などを行なっているが、根本的な解決に至っていない。

実際、同じ荻窪駅とはいえ、北口は駅ビルや商店街があるほか、バスターミナルからすぐに青梅街道へと出られるなど、人の行き来も多くにぎやかな雰囲気だが、一方の南口では道路もあまり広くなく、商店街も小さなものだけだ。

陸橋の撤去費用が最大のネック

ほかの駅では高架化しているのに、荻窪駅がいまだ地上駅なのは、高架化できない特別な事情があるからだ。

青梅街道が通る天沼陸橋。この橋があるために荻窪駅が高架化されず、町が南北で分断された状態になっている。

ＪＲ東日本によると、駅の東側にある天沼《あまぬま》陸橋が問題だという。この橋は、青梅街道が中央線の線路を跨ぐようにかけられている。戦時中、駅の北側にあった軍用工場へ資材を運ぶために着工したものの空襲で中断し、一九四八（昭和二三）年に工事が再開してその七年後に完成した来歴をもつ。高架化には、この橋を撤去する必要があるが、そうなると莫大な費用がかかるため、高架化できないのだ。

ネックとなっている天沼陸橋だが、竣工した当初は、高架化のために撤去することも議論されていた。荻窪の住民が高架化を要望し、国鉄（現・ＪＲ）も検討していたのである。

しかし、一九六二（昭和三七）年に行なわれた地元の住民との話し合いの際、地元住民の代表者の一人の意見で高架化が見送られたらしい。

この話は、いまではもう閉校となった杉並区立杉並第五小学校の七〇周年記念誌の記事でみられる。国鉄側としてはこの時期、前述の費用の問題から、高架化は見送りたい方針だったという。ところが、地元住民側は高架化への強い要望があったため、交渉の席が設けられた。その席で国鉄の担当者が「高架化することは、地元の総意ですね」と確認したところ、住民の一人が「いえ、私は、本当は反対なんです」と発言したため、高架化は全体の総意ではないと国鉄側が解釈して、交渉を打ち切ったという。

この一件を契機として、荻窪駅の高架化が前向きに検討されることはなくなって現在に至る。車社会となった現在では、費用面の問題だけでなく、もし天沼陸橋を撤去したとしても、その後の南北の交通路はどのように維持するのか、という指摘もある。

地上駅であることによって、南北の人の流れを妨げていることは事実だが、そう簡単に解決する問題ではないのである。

なぜ東京駅の中央線ホームはあんなに高い場所にある？

中央線　JC 01

東京
とうきょう
Tōkyō

二〇一七（平成二九）年一二月七日、ＪＲ東京駅前で工事が続いていた「丸の内駅前広場」が完成し、全面オープンした。白を基調とした御影石で舗装された広場は、赤レンガ造りの丸の内駅舎を美しく引き立てている。桜や紅葉《もみじ》も植えられており、季節によって花見や紅葉を楽しむこともできる。

この駅前広場の景色、中央線の東京駅ホームから眺めることができる。さらにホームの新宿寄りからは、すぐ目の前に赤レンガの丸の内駅舎が迫り、その向こうにある丸ビルや新丸ビルなど、超高層ビルのある周辺の景色も存分に楽しむことができる。

これほどまでにホームからの見晴らしがよいのは、中央線のホームがやたら高い場所にあるからだ。ホームが高い場所にあるために、たどり着くまでには長いエスカレーターで上らなければならず、ほかの路線から乗り換えるにも時間がかかる。

なにしろ、中央線のホームだけが、ほかの高架ホームより一段高いのだ。その差は約八メートルもある。なぜこれほど高い場所にあるのだろう。

新幹線ホームを増設するために起きたホームの大移動

中央線のホームが現在の位置に移ったのは一九九五（平成七）年である。それまでは、京浜東北線（大宮方面）と山手線内回りがあるいまの三、四番線の位置だった。

じつはそれまで、このホームが東京駅の一番端だった。中央線が東京駅に乗り入れたのは一九一九（大正八）年のことで、この時点で東京駅に乗り入れていたのは、ほかに山手線、東海道線のみ。このときから中央線ホームは丸の内側の端にあった。

その後、乗り入れする路線が増えるたびに東京駅にはホームが増設されたが、増設は八重洲口側に向かって行なわれたので、中央線はずっと丸の内側の端だったのである。

状況が変わったのは、長野新幹線（現・北陸新幹線）が東京駅に乗り入れることが決まったときだ。ホームの増設が必要になったものの、空間に限界が生じていた。スペースを確保するためには、丸の内駅舎を取り壊さなければならない。しかし、駅舎は保存すると決めたJR東日本は、ホームを重層化することにし、丸の内側に高架ホームをつくることに決めたのである。

このとき重層化して高架上に付け替える候補として、中央線のほかに東海道線、京浜東北線、山手線が挙げられた。これに際し外側の道路への影響がもっとも少なく、コストも低く抑えることができる路線はどれか。この点について検討を重ねた結果、もっとも条件に合うのが、一番端に乗り入れていた中央線だったというわけだ。

こうして八メートルも高い場所に新しいホームが完成し、中央線が移動した。これに伴い、東京駅に乗り入れていた路線は、それぞれ一つずつ丸の内側へ移動し、もっとも八重洲口側の、それまで東海道本線が使用していた九、一〇番ホームが、長野新幹線用に改修。現在の東京駅の構造になったのである。

中央線の起点駅は神田駅

ホームの高さ以外にも、東京駅のホームには謎がある。線路上に目を向けると、「0」の字のオブジェが見える場所がある。ゼロキロポストといい、路線の起点駅であることを示すためのものだが、じつは厳密には東京駅が中央線の起点駅ではない。本当の起点駅は、隣の神田駅なのだ。

もともとは東京駅が起点駅で、東京〜神田間は東北本線との「二重戸籍」となっていた。国鉄民営化時に東京〜神田間は並行する東北本線のみと指定し、中央線の起点を神田駅へ移したのである。そしてゼロキロポストだけが残されたというわけだ。ゼロキロポストは、国鉄時代の名残である。

東京駅の待ち合わせ場所「銀の鈴」に込められた意味

中央線 JC 01

東京
とうきょう
Tōkyō

東京駅の八重洲地下中央改札の内側には、「銀の鈴」という待ち合わせスポットがある。ガラス張りのケースのなかに直径約八〇センチメートルの巨大な鈴があり、多くの人に目印として利用されている。

ほかにも東京駅には丸の内南口改札や八重洲中央口の改札など、多くの待ち合わせ場所がある。ここで素朴な疑問だが、そもそもなぜ銀の鈴だけが、鈴なのか。

銀の鈴が設置されたのは一九六四（昭和三九）年のことである。東海道新幹線が開業し利用客が急増したことで構内の混雑は深刻化していた。そこで待ち合わせ場所として目標物を設置することになった。

鈴という発想の原点は、神社にある。お賽銭を入れたときに鳴らす神社の鈴が神様を呼ぶための物であるように、鈴は古くから人を呼ぶためのものであった。そのアイデアをもとに人と人とが呼び合う待ち合わせ場所のシンボルとしてふさわしいと考えられ、待ち合わせ場所の目標物は鈴、ということになったという。

現在の銀の鈴は銅製の立派なものだが、最初に吊るされた銀の鈴は、ボール紙に銀紙を貼り付けたものだった。当初は実験的な試みだったが、利用客の間で待ち合わせ場所として定着し始めたため、発案から一一か月後の一九六九（昭和四四）年一一月に銅製の銀の鈴（直径約七〇センチメートル）が導入されたのだ。

現在の銀の鈴は二〇〇七（平成一九）年一〇月に設置された四代目で、日本を代表する立体作家で東京藝術大学長の宮田良平氏がデザインしたものだ。実際の鈴の音は聞けないが、銀の鈴広場には六台のスピーカーが設置されていて、毎時ちょうどには音楽が数分流れてくる。待ち人を探しながら、優しい音を聞いて癒される場所だ。

東京駅にある四代目銀の鈴。毎時0分になるとスピーカーから音楽が流れてくる仕組みになっている。

代々木駅ホームがずれと段差で歪な形になった納得のワケ

中央線　JB 11

代々木
よよぎ
Yoyogi

代々木駅は、中央線の各駅停車と山手線が乗り入れている駅で、都営地下鉄大江戸線にも接続している。

ホームは一〜四番線まであり、端にある一番線と四番線で中央にある二番線、三番線の島式ホームを挟む形だ。二番線は山手線の渋谷、品川方面（内回り）で、三番線は中央線の中野、三鷹方面の列車が停まるので、この路線間での乗り換えはとても便利である。

だが、この二〜三番線があるホーム、よく見ると普通のホームの形をしていない。

まず中央線が停まる三番線のホームだけが、北側へ五〇メートルほど突出している。もし中央線の先頭車両に乗っていたら、ホームの中ほどまで歩かなければ乗り換えられない。

またホームの北側には、中央に段差があり、なぜか三番線側が高くなっている。その段差は、北側に行くほど高い。そのため、安全対策として段差に沿って等間隔に柵が設けられ、乗り換えの際に少し邪魔になっている。

ずれと段差で歪んだ代々木駅のホーム、なぜこのような変な形になっているのか。

代々木駅構内配置図

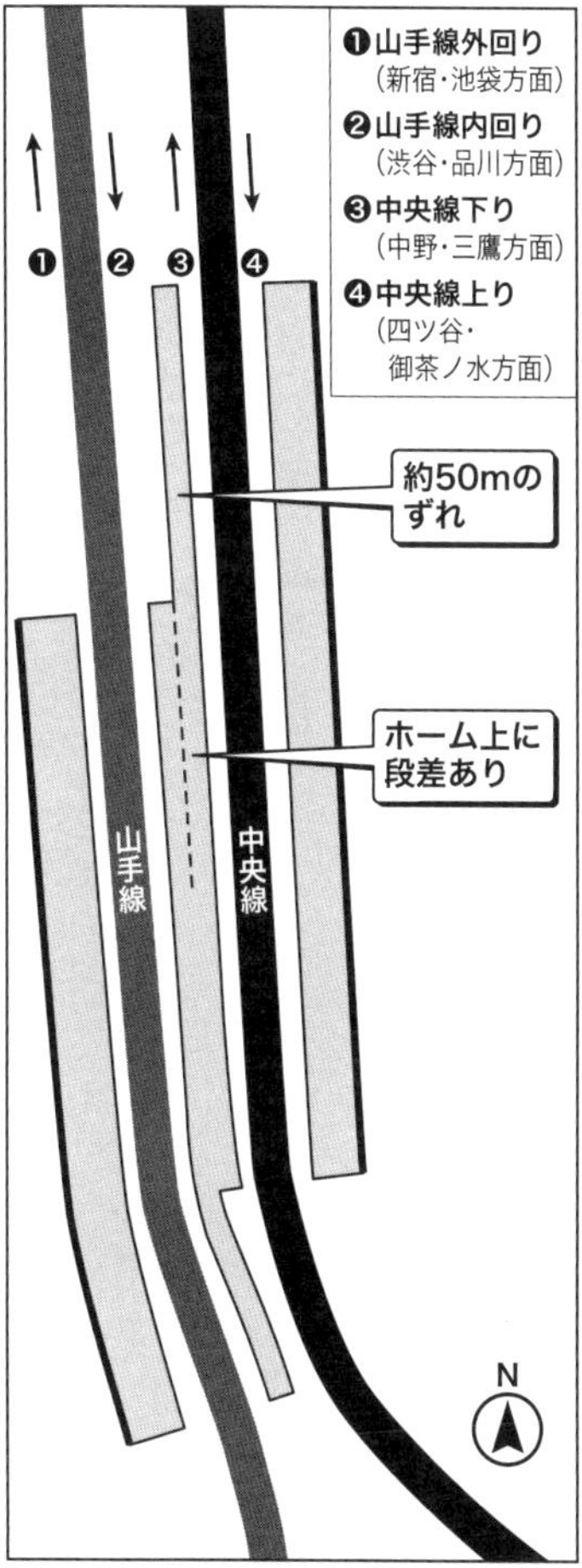

代々木駅構内の概念図。南側にある中央線のカーブとホーム上の段差のため、中央線と山手線の位置が揃わない歪な構造になっている。

奇妙なホームにならざるを得ない理由

三番線が北へはみ出している理由は、中央線の線形と関係している。実際に乗車するとわかるが、千駄ケ谷駅を出た中央線の下り列車は、半径二八〇メートルもの急カーブで右に曲がり代々木駅へ入線する。そしてちょうどホームの中間ほどの場所から直線になる。

ここで車両を、直線に近い形で停車させるには、カーブを越えた直線部分まで進む必要がある。すると現在の山手線のホームより五〇メートルほど北側へ進まなければまっすぐ停車することができない。よって中央線の三番線だけが北側にはみだしているのである。

大きくカーブする前の南側に中央・総武線のホームをつくる方法もあるが、南へ寄れば寄るほど山手線と離れてしまう。それでは両線の乗り換えが不便になるだろう。そのため中央線のホームを南へ寄せることはできない。

ならば山手線のホーム自体を、北側に五〇メートルほど動かせばどうか。

しかし、これにも問題がある。それは勾配である。中央線のホームと山手線のホームの北側中央に段差があるのは、じつは中央線の線路が北側に向かって少し上り勾配になっており、ホームがそれに合わせているからだ。上り勾配がある理由は、代々木～新宿間において中央線の線路が、山手線の線路をオーバークロスするためである。なぜなら新宿駅においては中央線は、そこから西側へ向かうため山手線よりも西側に入線しなければならず、従って代々木駅とは左右反対になる。そのため代々木駅との間で山手線をまたがなければならず、代々木駅ホームの中ほどから、すでに上り勾配が生じているのだ。

もし山手線のホームを北側にずらすと、確かに南北のずれはなくなるだろう。しかし今度はホーム中央にできる段差がさらに高くなってしまい、安全面で問題が生じてしまう。

つまり、いまの代々木駅のホームは、中央・総武線のカーブと斜度を考慮した結果、ギリギリの位置に設置されたホームというわけである。

日野駅をあえて民家風にした建築家の粋な計らい

中央線 JC 20

日野
ひの
Hino

立川駅から八王子方面に南下すると、多摩川を越えて日野駅へ至る。都心に近いベッドタウン日野市の中心にある駅で、日野自動車の本社・工場や実践女子大学などの最寄りだ。だが日野駅の駅舎を見ると、周辺の市街地のようすとは異なった、昔懐かしい雰囲気を感じさせる。

その理由は、実際に目にすれば自ずとわかるだろう。なにしろ日野駅の駅舎は、入母屋《いりもや》屋根にひさしが張り出た構造になっていて、ひと昔前の民家そのものといった雰囲気なのだ。民家でいえば土間にあたる部分に、券売機と改札口があり、そこから家へ上がるように駅のホームへ向かう。

現在の日野駅舎が誕生したのは、一九三七（昭和一二）年六月一日のことである。日野駅そのものの開業は一八九〇（明治二三）年一月で、当時は現在の場所より五〇〇メートルほど八王子寄りにあった。それが、立川～豊田間が複線化した際に、現在の場所へと移され、駅舎も新しくなったのである。

多摩の原風景を駅舎で表現

現在の駅舎はその移転時に建設されたものである。公表されていないが、国鉄の新建築運動の旗手といわれた伊藤滋《いとうしげる》氏が設計したものといわれている。伊藤氏は国鉄の技術者であり、一九三二（昭和七）年に御茶ノ水駅舎、一九三六（昭和一一）年に交通博物館などを設計した人物である。

約八〇年も前だから民家のような設計をしたのかと思うかもしれないが、じつはそうではない。当時はモダニズム建築が主流だった時代で、とにかくハイカラなものをつくろうという気風が強かった。とくに伊藤氏が設計した御茶ノ水駅舎のように、コンクリート、ガラス、鉄などの近代的な建築材料を駆使した建物が主流だった。

モダニズム建築が主流だった時代に、伊藤氏が日野駅舎を民家風にしたのには理由がある。昭和五〇年代から平成の初期にいたるまで刊行された『鉄道路線変せん史探訪』には、「日野、豊田付近は（略）昔ながらの関東平野からの自然発生的風景習俗を保っている」「此所に建てられるべき最もふさわしい家はやはり関東民家の雅味を持ったもの」「日野、豊田駅を田舎家風に設計した所以」と、景観に溶け込むように当時の民家に似せて日野駅が設計されたことが書かれている。当時の日野は、昔ながらの多摩の原風景が、現在より

1937（昭和12）年に建てられた和風なテイストの日野駅舎。多摩の気候風土に合った建築物にするため、当時の民家を模した設計にした。

もさらに色濃く残っていた。伊藤氏は駅舎のデザインも、あえてその環境に合わせたのである。

　また建築家の酒井哲氏の論考によると、伊藤氏がこの日野らしい民家風の駅舎を建てることになった動機としてドイツ人建築家のブルーノ・タウトが関係している可能性があるという。タウトは日本の伝統建築を、装飾性を排除した機能美と称した人物である。伊藤氏は、タウトの考え方を解釈し、日野の環境のなかでもっとも機能的な建築物が民家だとしてこの駅舎を設計したのかもしれない。

　ベッドタウン化が進む日野駅周辺だが、駅舎を見るだけでも心が温かくなる。この駅舎を末永く残してほしいものである。

車窓の看板でお馴染み「西豊田駅」は本当に実現するのか？

中央線　JC 21

豊田
とよだ
Toyoda

中央線の下り列車に乗り、豊田駅から八王子駅に向かうと、その途中に左側の車窓から「西豊田駅早期実現を」と書かれた大きな看板が目に入る。この区間に乗る人は、この看板がかなり前からあることをご存知ではなかろうか。

西豊田駅の誘致運動は一九九七（平成九）年に始まっており、この看板もそれとほぼ時を同じくして設置されたものだ。つまり二〇年近く前になる。

駅設置の要望は、豊田駅と八王子駅の間の距離が四・五キロメートルと長いことが理由である。中間地域の住民にとって、鉄道を利用しようにもどちらの駅からも遠く不便だった。そこで途中に駅をつくってほしいという声が上がったのが始まりで、一九九七年に周辺地区の住民が中心となり「西豊田駅誘致事業推進本部」を立ち上げた。

折しもそのとき、日野市は西豊田駅候補地の南側に位置する西平山の住宅整備を以前から進めており、新たな住民の呼び込みを期待して新駅の誘致に乗り出した。当初は市長がＪＲ東日本に出向くなど、かなり積極的な取り組みを行なっていたようだ。

西豊田駅のような、地元の自治体や住民が鉄道会社に頼んでつくる〝請願駅〟の場合、設置するための予算は自治体の負担となる。さらに駅間の距離、一定数以上の利用客の見込み、駅が可能な地形かどうかなどといった条件をすべてクリアしなければならない。

また鉄道会社としては請願駅を容易に認めると、ほかの地域からの要望も強くなるため、あまり積極的ではないという現実もある。

周辺開発の遅れと費用が未解決

二〇年近く前に始まり、いまだ実現しない西豊田駅だが、誘致活動は現在どこまで進んでいるのだろうか。

日野市によると、費用、利用客、用地の問題のうち、用地に関する条件はクリアできている。新駅の用地はすでに確保しており、建設する準備はできているという。

しかし用地以外の問題については課題が山積みである。駅の設置に三十数億円かかると算出されてい

西豊田駅設置を請願する看板が立っているが、この場所のような農地を住宅に開発しない限り、駅を設置するのは難しい。

るが、その費用をどう工面するかはいまだ見通しがたっていない。

また、利用客の見込みについては、駅設置予定地である西平山《にしひらやま》地区の整備を進めて住民を呼び込むことで乗降客を増やすという計画を立てていた。しかし二〇一八（平成三〇）年現在で肝心の住宅整備は三割程度しか進んでいないのが実情だ。このペースでは住宅整備が完了するのも一〇年後かまたは二〇年後か、先の見通しが立っていないため、住民の大幅増加は簡単に望めそうな話ではない。

日野市によれば、これらの問題をクリアできたとしても別の問題が残るという。西豊田駅に停車すれば当然、路線全体の所要時間が長くなる。そのため、下り側の八王子駅などの利用客から反発が上がる可能性があり、周辺自治体からも理解を得ていかなければならないのだ。この所要時間の問題は、中央線の複々線化が実現できれば解決するが、JR東日本は工事を行なわない（六〇ページ参照）。

このように新駅の設置には課題が山積みで、解決の目途はいまだ立っていない。近年では誘致の推進本部も年に一回会議を開いているものの、JRに新たに提示できる材料がない状況だという。

こうした事情を考慮すると、まだしばらくはこのまま車窓から看板を見ることになりそうである。

中央線 JC 05 JB 10
新宿 しんじゅく Shinjuku

いまや乗降客数世界一の新宿駅は、開業当初は雑木林にあった！

新宿駅は現在、日本一の乗降客数を誇る。ギネスブックによると、二〇〇七（平成一九）年の乗降客数は一日あたり約三四七万人（ＪＲのみだと約七六万人）。ギネスブックと聞いてわかる通り、日本一どころか世界一の数字でもある。

じつは一九二七（昭和二）年には、新宿駅はすでに乗降客数日本一の駅だった。一九二三（大正一二）年に発生した関東大震災により、被災した人々を中心に、東京の中では比較的安定した地盤である西側への移住が進み、西側へ伸びる路線のターミナル駅である新宿駅を利用する人々が増えたのである。その後、多摩の宅地開発が進み、ベッドタウンとして発展していくと、新宿駅を利用する人はさらに増加した。

いまでは多くの人々が行き交う新宿駅も、一八八五（明治一八）年に日本鉄道（現・ＪＲ山手線）の内藤新宿駅として開業した当初は、まったく別の姿をしていた。小さな木造の駅舎で、駅前には茶屋が一軒しかなく、乗降客数も一日わずか五〇人。これが、いまでは一日に三〇〇万人以上が使う新宿駅の開業直後の姿だったのだから意外である。

新宿駅が置かれたのは鴨場だった

この頃の内藤新宿駅付近には、カモを獲るための鴨場が四つもあった。その一つが当時御料地だった新宿御苑で、そのほか角筈村《つのはず》（現・歌舞伎町）や東大久保（現・新宿六丁目）、番衆町（現・新宿五丁目）にもあった。鴨場は、警戒心の強いカモの習性に合わせ、カモが着水するための池を真ん中に置き、その周囲に雑木林などを配すようなつくりだった。現在その名残を留めるのは、新宿御苑のみである。

カモにとっては最適な環境かもしれないが、人間にとっては閑散とした印象を与えていた場所だったのである。

では、なぜそうした人家がない場所にわざわざ駅をつくったのだろうか。新宿駅周辺は前述したように四つの鴨場があり、そのほかには牧場があるような場所だったが、すべてが野原のような場所だったわけではない。

現在の新宿駅の東側、甲州街道と青梅街道の交差点あたりは、江戸時代には内藤新宿の宿場町があった。そこには遊郭や料理屋などが立ち並び、とても賑わっている場所だった。

駅をつくるとしたら、こうした繁華街を選んだほうが乗客の利便性も高く、旅客収入が期待できるだろう。しかし宿場町に設置できなかった理由がある。

住民にとっては迷惑だった鉄道

明治期前半の当時、鉄道駅を設置するのは、現代よりも高いハードルがあった。黒い煙を吐いて大きな音を立てて走る蒸気機関車は、住民にとっては迷惑な存在だった。住民が鉄道の利便性に気が付くのは、もう少し先の話である。

そのため日本鉄道は、鉄道を敷設しようとしても周辺住民から反対されてうまくいかず、ほとんど誰もいないような野原や雑木林のなかに線路を敷き、そして辺鄙な場所に駅を設置せざるを得なかった。新宿駅もその例に漏れず、宿場町の西の外れでないと駅舎をつくることが許されなかったのである。

また、明治時代の鉄道は、基本的には旅客よりも貨物輸送が主流だった。移動手段として鉄道を利用する人もいるにはいたが、それは特別で、現在のように鉄道で通勤というスタイルが一般的ではなかった。むしろ一度に大量に運べる点が評価され、貨物輸送として重宝されていたので、必ずしも町の中心地に駅をつくる必要性はなかったのである。

だが、やがて時代が下り、一八八九（明治二二）年に中央線の前身である甲武鉄道が開通すると、新宿は一変。東京の市街地と郊外を結ぶ交通の要衝となり、鉄道駅を中心に街が発展していくことになったのだ。

阿佐ケ谷と高円寺に取って代わられた幻の駅とは？

中央線　**馬橋**
※未成駅

杉並区には現在中央線の駅が四つある。高円寺、阿佐ケ谷、荻窪、西荻窪である。しかし、中央線が一九一九（大正八）年に吉祥寺駅まで電化されたとき、杉並区にあたる地域にあった駅は荻窪駅のみ。つまり明治期の開業から長らく、中野駅を出た電車が次に止まるのは荻窪駅だったわけである。

そのため高円寺や阿佐ヶ谷に住む人々は、目の前に電車が走っているというのに、歩いて中野駅か荻窪駅まで歩かなければならない。当然「自分の村にも駅が欲しい」という声が高まっていた。

そうした状況下で駅誘致に積極的に動いたのが、馬橋《まばし》村（現在の高円寺〜阿佐ケ谷間）と阿佐ヶ谷村である。その両者のうち、事を有利進めたのは馬橋村だった。当時、馬橋村にいた浅賀源太郎が鉄道省へ陳情し、「将来、新駅を開設する場合は、中野荻窪四マイルの中間地点に駅をつくる」という言質《げんち》を内々に得たのだ。

その中間地点とは、まさに馬橋村のある場所。地域の住民は大喜びし、さっそく駅開設に向けて準備を始めた。駅予定地を南北に縦断する形で、早稲田通りと青梅街道、五日市街道を結ぶ道路までつくったのである。これが現在の馬橋通りである。

一部の反対者で駅誘致が頓挫

ところが、いざ新駅開設となったとき、馬橋村の住民の一部から新駅誘致に反対する者が出たのである。協議を重ねても折り合いはつかず、そうこうしているうちに新駅開設の話が阿佐ヶ谷村に漏れてしまう。すると阿佐ヶ谷村は、高円寺村とともに誘致運動を展開し、阿佐ヶ谷村と高円寺村の両方が新駅誘致に成功。馬橋駅はつくられず、結局、一九二二（大正一一）年に阿佐ケ谷駅と高円寺駅がつくられたのである。

こうして新駅誘致が幻となった馬橋村。その後、阿佐ヶ谷や高円寺は駅名になったことで有名な地名となり、逆に馬橋という地名は霞んでいった。やがて一九六二（昭和三七）年五月に住居表示法が公布された際、馬橋村は高円寺南や阿佐谷南、梅里といった住所に分割され、行政区画地名からは消えてしまった。その結果、いまでは馬橋の名前が残るのは、馬橋通りのほかには、学校名や馬橋稲荷神社などだけになっている。

もしあのとき馬橋駅の誘致の反対がなければ、有名な地名になっていたのは馬橋だったかもしれない。

第二章

意外な事実が見えてくる中央線の鉄道事情

路線のシンボルカラーは中央線のオレンジが最初！

中央線

中央線の都心部区間では、新宿駅、四ツ谷駅、御茶ノ水駅において、快速と各駅停車を乗り換えることができる。このときに車体に引かれたラインの色を見ると、列車の種別が一目瞭然だ。快速に乗りたい場合はオレンジ色、中央・総武線の各駅停車に乗りたい場合はカナリヤ色（黄色）のラインがある列車に乗ればよいということである。

このように首都圏のＪＲの電車では、路線や種別ごとにそれぞれのシンボルカラーが決まっている。中央線のほかには山手線はウグイス色（黄緑色）、京浜東北線はスカイブルー色などだ。

このシンボルカラーは、じつは中央線から生まれたものである。戦前から戦後の一時期にかけての国鉄の車両は、地味な焦げ茶色だった。一九五〇年代に入り輸送力増強が求められはじめ、一九五七（昭和三二）年には中央線において、新型の通勤電車モハ九〇系（のちの一〇一系）が導入された。軽量な車両で見た目のスマートさもさることながら、従来の地味な色から一転、鮮やかなオレンジ色をまとった姿が多くの人を驚かせた。

各駅停車の色は、山手線のおさがり

中央線ではじめて採用された明るいオレンジ色は、乗り間違えを防ぐのにも効果的で、乗客から好評だった。その後、中央線だけでなくほかの路線でもカラフルな車両が導入されていく。山手線には一九六一（昭和三六）年、モハ九〇系から名前を変えた一〇一系がカナリヤ色（黄色）に塗られて登場した。カナリヤ色は、現在の中央・総武線の各駅停車の車体の色である。それがこのときは山手線を走っていたのだ。

しかし導入から二年後、山手線向けの一〇三系が登場。これがのちの山手線のシンボルカラーのウグイス色の車体だった。山手線にこの色が採用されたため、カナリヤ色の車両は中央・総武線の各駅停車へ転属となった。このときに路線別のシンボルカラーという考え方が定まった。

こうしてシンボルカラーで彩られた国鉄の車両が都内を走行するようになった。やがて八〇年代にさらに軽くて簡単にメンテナンスできるステンレス車体の車両が登場。単色電車は順次姿を消し、オレンジ一色に塗られた中央線の車両も二〇一〇（平成二二）年に運行を終了した。しかしシンボルカラーは現在でも車体のラインとして残り、誤乗車防止に役立っている。

中央線と総武線の境界はいったいどこ？

中央線

中央線では、かいじ号やあずさ号などの特急列車のほかに、快速と各駅停車が運行されている。快速は東京駅から高尾駅へ至り、甲府方面へ向かっている。各駅停車は三鷹～千葉間を各駅に停車しながら走る。

この各駅停車は途中から総武線の区間となるほか、車体に引かれたラインカラーもカナリヤ色で、総武線と共通だ。駅にある行き先表示にも「中央・総武線（各駅停車）」と書かれているが、中央線と総武線の境界は何駅だろうか。

じつは御茶ノ水駅を境にして、中央線と総武線に線区が分かれている。通しで運転されながらも、御茶ノ水駅から西に行く路線が中央線で、東に行く路線が総武線となる。中央線中野方面から走ってきた各駅停車は途中の御茶ノ水駅から総武線へ乗り入れて、秋葉原、千葉方面へ向かうことになる。逆方向でいうと、総武線から御茶ノ水駅経由で中央線へ乗り入れ、新宿、三鷹方面へ向かう。

つまり両線の各駅停車は、御茶ノ水駅で相互乗り入れを行なっているため、中央・総武

東西から御茶ノ水へ伸びてきた中央・総武両線

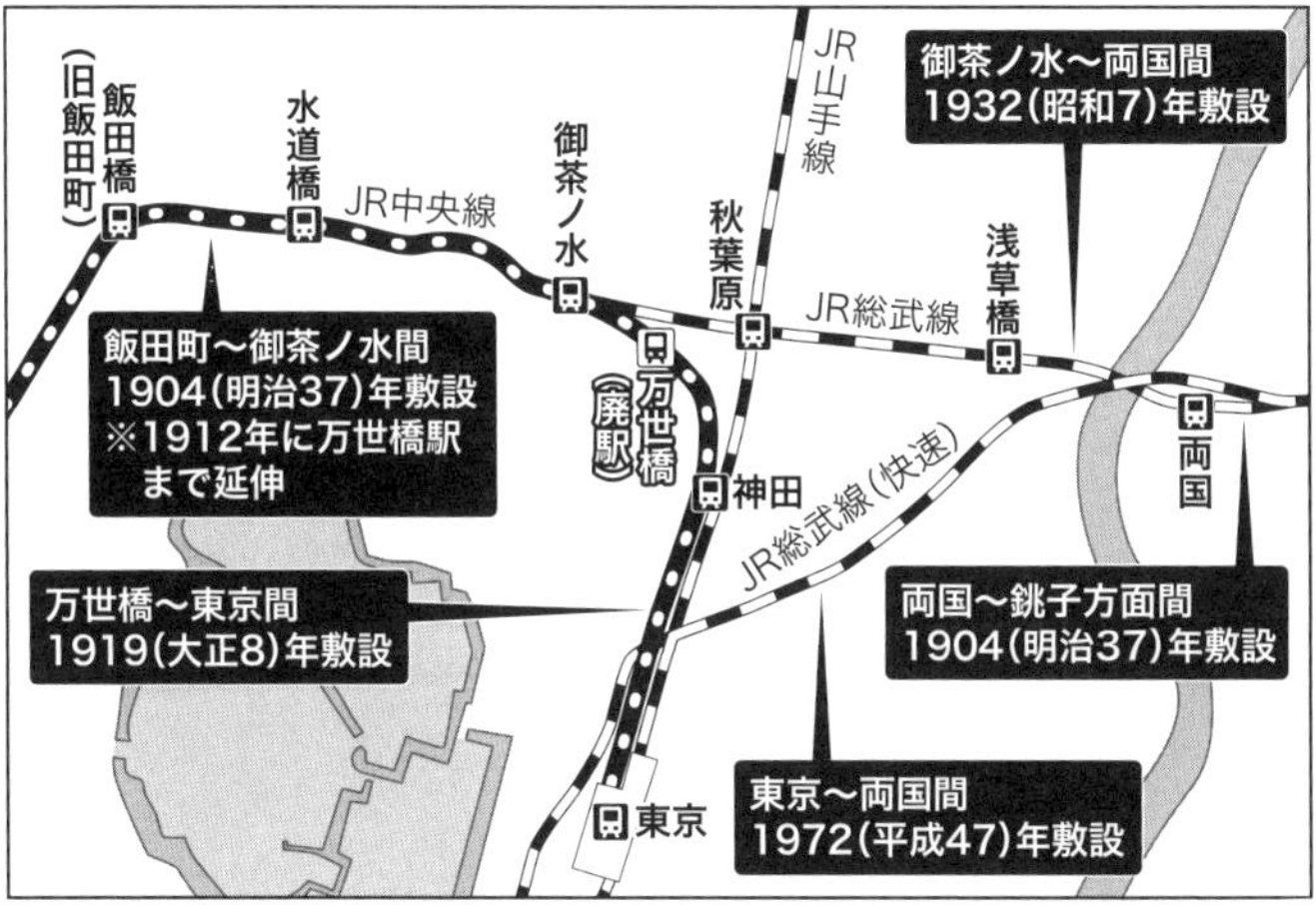

中央線が国有化後に東京駅まで延伸し、総武線が都心まで伸びてきて御茶ノ水駅で接続。相互直通運転が行なわれるようになった。

線（各駅停車）という表記になっているのだ。

両国止まりだった総武線が御茶ノ水駅まで延伸

では、なぜ御茶ノ水駅で相互乗り入れが行なわれるようになったのか。

中央線の歴史は、その前身である甲武鉄道が一八八九（明治二二）年に新宿〜立川間を敷設したのがはじまりだ。やがて甲武鉄道は都心部を目指すようになり、開業から一五年後には御茶ノ水駅まで延伸する。このとき中央線は御茶ノ水駅止まりだったのである。二年後には甲武鉄道が国有化されたため、鉄道省の中央線になった。

一方の総武線は、総武鉄道が本所（錦糸

町）から市川、船橋、千葉、佐倉、銚子を結ぶ鉄道としての免許を得て着工したものである。一八九四（明治二七）年に市川〜佐倉間で開業し、三年後に本所〜銚子間が全通した。以後も都心部を目指して延伸し、両国橋（現・両国）駅まで路線を伸ばしていく。

しかし両国駅止まりというのは、何とも中途半端な路線であった。都心部へ行く乗客はここから東京市電に乗り換えなければならず、都心部へのアクセスの利便性を欠いていた。この状況を変えたのが、関東大震災後に策定された復興計画である。そのなかには中央線との相互直通計画が盛り込まれた。この計画において接続駅とされたのが、御茶ノ水駅だったのである。

そして一九三二（昭和七）年に中央線の複々線化が完成。一方の総武線も、両国駅から浅草橋駅、秋葉原駅を経て、御茶ノ水駅へと延伸した。ここで別の路線だった中央線と総武線が合流し、相互直通運転が行なわれるようになったのである。

その後、一九七二（昭和四七）年に総武・横須賀線の地下区間が開業し、快速の運行を開始。総武線は東京〜銚子間が本線になり、両国〜御茶ノ水間は支線になった。

当初はそれぞれ千葉、多摩と別の場所ではじまった路線が、時代の流れとともに御茶ノ水駅で合流し、中央線と総武線を両方走る各駅停車として三鷹〜千葉間を結ぶようになったのである。

車両が増やせない中央線の やむにやまれぬ事情

中央線

　中央線は、首都圏を走るＪＲの通勤路線のなかでは人気が高い。沿線は中野区や杉並区といった二三区の西部や、吉祥寺、立川、八王子などを含む多摩地区。東京都内で、しかも住環境がよいことでも有名な地域ばかりを結んでいるため、人気が高いのもうなずける。しかし、人気が高いということは、それだけ乗客が多いということである。そのために中央線は朝夕のラッシュ時の混雑が非常に激しく、遅延することもしばしばである。

　混雑や遅延の対策として思い浮かぶのが、車両の増結だ。東海道線や高崎線、宇都宮線（東北本線）、総武線快速や常磐線の快速などは、一五両編成の長い列車が走っていて、グリーン車も連結していることもある。ところが中央線の場合、同様に長い距離を走っているというのに、なぜか一〇両編成ばかりでグリーン車の連結もない。もっと編成を長くすれば、混雑率も低くなるはず。では、なぜ中央線では車両を増結しないのか。

　中央線の事情を探ってみれば、中央線が一〇両編成のままなのは、中央線なりの事情があることがわかる。

用地と駅間距離の問題が壁

まず、車両編成を長くするためには、当然ながらホームも長くしなければならない。ところが、中央線沿線では駅の周辺に市街地が発展しているため、ホームを伸ばすための用地が取得できず、ホームの延伸工事が非常に難しいのだ。事実、中央線のほとんどの駅のホームは一〇両分の長さしかない。一二両分確保しているのは、スーパーあずさ号が停車する新宿駅、立川駅、八王子駅などごくわずかである。

中央線の車両を増やすことができない二つ目の理由が、駅間距離である。ほかの東海道線や高崎線、宇都宮線（東北本線）、常磐線といったＪＲの主要五路線に比べると、中央線の駅間距離は非常に短い。

鉄道では、線路を一定の間隔で区分して、その区間には一列車しか入れないような仕組みがある。この区間を閉塞区間といい、入り口には閉塞信号機があって、列車同士が近づきすぎないようにコントロールしているのである。朝のラッシュ時、車内に「前の列車に近づいておりますので、速度を落としています」といったアナウンスが流れてノロノロ運転になってしまうことがあるのは、この閉塞信号機が動作しているからだ。

車両編成を長くすると、それだけ閉塞区間の距離も長くしなければならなくなる。だが

閉塞区間のイメージ

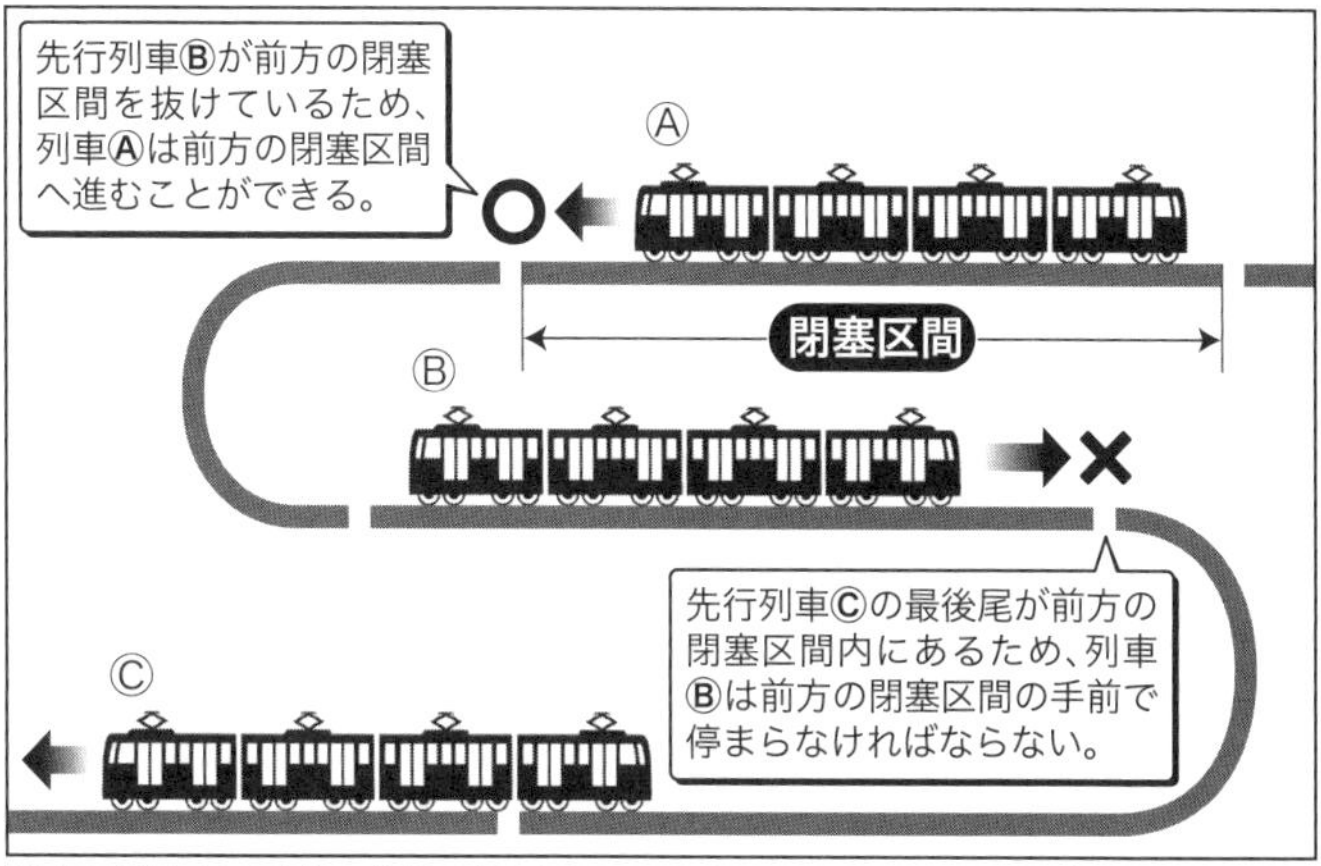

閉塞区間とは、列車の接触を防ぐために取り入れられている線路の区分けのこと。原則は一閉塞につき一列車のみだが、運行密度によっては稀に一列車が二閉塞にまたがることもある。

中央線のように駅間距離が短いと、運行本数を減らす必要が出てきてしまうのだ。中央線は列車の運行頻度がほかの主要五路線に比べると多いが、それも閉塞区間が短いからこそできる技なのである。

とはいえ、毎日のこの混雑ぶりには乗客も嫌気がさしており、改善を求められている。そこでJR東日本は、二〇一五（平成二七）年二月に、二〇二〇年度に中央快速線に二階建てグリーン車二両を連結し、一二両化すると発表した。しかし、この計画もホームの延伸や線路の改良といった工事で想定以上の時間がかかるとして、二〇二三年度末へ延期と発表されている。中央線の混雑回避には、まだしばらく時間がかかりそうだ。

混雑緩和対策の複々線化が進まない理由とは？

中央線

五七ページでも述べたように、中央線は混雑が非常に激しい路線だ。列車の増結ができないうえ、ラッシュ時には最短で一分五〇秒間隔で列車を走らせるなど、運行頻度によって混雑を緩和しようとしている。だが、それでもラッシュ時の混雑具合はひどい状況で、とくに中野～新宿間は混雑率一九〇パーセント前後にも達する。

こうした混雑が解消されない大きな理由の一つが、三鷹駅以西の区間が複々線化されていないことだ。中央線の複々線化が検討されたのは一九六〇年代のこと。東京への人口集中が激しくなり、通勤列車の混雑率が三〇〇パーセントを超える路線も出る状況になった。当時の国鉄（現・ＪＲ）は東海道線、中央線、宇都宮線（東北本線）、常磐線、総武線の五線の輸送力を増強する「通勤五方面作戦」を実施した。その際に複々線化工事も行なわれ、中央線では一九六六（昭和四一）年に中野～荻窪間、一九六九（昭和四四）年に荻窪～三鷹間の複々線化が完了したものの、三鷹以西は複々線化されずに残されたのである。当初は立川駅まで複々線化する計画だったようだが、思うようには進まなかった。

その理由は資金問題である。国鉄は、三鷹駅までの工事については建設費を負担したが、三鷹駅以西の区間では沿線の自治体にも費用負担を求めた。当時、国鉄の財政状況は悪化しており、費用をめぐる自治体との調整がつかないまま、三鷹以西は複々線化がお預けになってしまった。

しかし、放置はしておけない。当時の三鷹〜立川間では、複々線化とともに、道路との平面交差による「開かずの踏切」が社会問題となっていたこともあり、一九九一（平成三）年に東京都とＪＲ東日本が同区間の改善について「複々線化を前提に都市計画を決定する」「連続立体交差に協力する」「複々線化について検討を進める」の三点について合意した。そして連続立体交差（高架化）だけが進められ、一九九九（平成一一）年に着工し、二〇一〇（平成二二）年に完了した。

そして複々線化工事だけはいまだに進んでいない。高架化したのに複々線化していない理由はどこにあるのだろうか。

資金問題で複々線化は暗礁に乗り上げたまま

高架化工事の場合、その費用のほとんどは国と自治体が負担するため、鉄道会社の費用負担は少ない。また、踏切が消えて市街地の発展が進むため、自治体が工事を積極的に進める場合が多い。

一方、複々線化を行なう場合、ほとんどの費用は鉄道会社の負担になる。高架化と違い、市街地の発展とは直接的に関係がないからだ。三鷹～立川間の複々線化に必要な費用は、最大で三六〇〇億円といわれている。

しかし、JRにとっては、多額の費用を負担するほどのメリットが少ない。複々線化が完了したとしても、混雑率は減って乗客は快適になるが、その費用に見合うだけの乗客が増えるわけではないからだ。複々線化工事は、混雑解消につながるため自治体や乗客にとっては利益だが、JRからすれば積極的に進める事業ではない。

一方、私鉄の場合は、鉄道事業のほかに宅地開発や路線バス事業などを行なっていることが多く、複々線化などのサービス向上が沿線人口の増加につながればそのまま利益となる。二〇一八（平成三〇）年三月に複々線化工事を完了させた小田急電鉄も将来的な沿線人口の増加を見込んでいるほか、京王線などの競合路線から乗客が移ることも期待される。しかし、JR東日本は私鉄のような大規模な沿線開発を行なっていないため、私鉄とは事情が異なる。

国や自治体の財政が逼迫しており、税金の投入も難しい昨今、三鷹～立川間の複々線化は、長いトンネルに入ったままなのだ。

日本初の女性専用車を導入したのはあの軍人だった！

中央線

首都圏の鉄道では、朝の通勤時間帯に女性専用車両を設けている。たいていが一番後ろ側の車両で、痴漢防止に役立っている。思い出せば、若い頃はそんな車両はなかったという人も多いだろう。導入は、二〇〇〇（平成一二）年。京王電鉄での深夜のテスト導入からである。

しかし、その導入は近年での出来事。じつはもっと前の時代にも導入されていた時代があった。女性専用車両の歴史はかなり古く、初の導入は一九一二（明治四五）年のこと。このとき婦人専用電車という名前で初導入された路線は、中央線だったのである。

一九一二年頃、良家の子女は花嫁修業の一環として女子校に通っていた。中央沿線には、そうした女子学生が通う名門校が多く存在していた。

当然ながら、学校の行き帰りの時間はだいたいどこの学校も同じで、通学時間帯になると電車の中は女子学生でいっぱいになった。すると、そうした女子学生を目当てに男性の乗客が増え、なかには、目当ての女子学生に話しかけたり、恋文を渡したり、さらには偶然を装って女子学生の体に触れる不埒な輩もいた。

体に触るのは論外だが、恋文を渡したり話しかけたりするだけなら、そんなに目くじらを立てるほどのことではないと思うかもしれない。しかし当時は、男女交際がオープンではなく、若い女子学生が気軽に男性と話すだけでも「貞淑ではない」と非難されるような時代である。

鶴の一声で婦人専用電車を導入

男性と接触が起きているこうした状況では、とても安心して娘を電車に乗せられないと憤る親も多く、電車通学をあきらめて人力車や徒歩通学しか許さなくなることも多かった。そこで、鉄道省に女性専用車両を導入し、安心して女学生が通学できるようにと働きかけた人物がいた。それが乃木希典《のぎまれすけ》である。

乃木といえば、日露戦争で難攻不落の旅順攻略をし「軍神」として国民に絶大な影響のあった人物。明治天皇崩御の際、殉死したことでも知られる軍人だ。

彼が女子学生の通学問題に介入したのは、乃木が学習院院長だったからである。学校のトップとして、多くの親からこうした問題を聞いていた乃木は、これは改善すべきと自ら内閣鉄道院へ働きかけたというわけだ。軍神・乃木の一声は、まさに鶴の一声であり、鉄

女子学生たちが乗車している日本初の女性専用車（婦人専用電車）。現代と違い、一編成まるごと女性専用だった。

婦人専用電車を実現させた乃木希典。日露戦争で活躍した軍人だが、学習院の学長であったため、生徒たちのために鉄道院へ働きかけた。

道院も動かざるを得ない。そして史上初の女性専用車両は、婦人専用電車という名称で中央線で導入された。現在と異なり、一編成がまるまる女性専用だった。

乃木の導入した婦人専用電車はまもなく廃止になったものの、戦後、混雑がひどくなったことを受けて復活する。中央線では、一九七三（昭和四八）まで運用された。そして、再び廃止されたのち、二〇〇五（平成一七）年より復活し、そのまま現在に至っている。

中央線が首都圏でもっとも終電が遅いワケ

中央線

中央線沿線に住んでいると、どうにも終電の時間に疎くなったという経験はないだろうか。新宿に夜遅くまでいると、一緒にいた人が終電を気にして急ごうとしているのを横目に自分だけは余裕でいられる。

ほかの路線を利用する人が急ぎたくなるのも無理はない。中央線の終電までにまだ余裕があったとしても、それは中央線だけで、ほかの路線では終電が早い。

中央線は、首都圏の郊外型鉄道のなかで、終電の出発時刻がもっとも遅い路線である。二〇一八（平成三〇）年五月現在の新宿駅の発着時間でいえば、三鷹行きが午前一時一分、高尾まで行く最終列車も、新宿発は午前〇時四一分で、高尾着はなんと午前一時三七分なのである。同じ高尾行きでも、京王線の場合は新宿発の最終が二三時二一分なので、一時間二〇分近くも差がある。埼京線の場合も新宿発川越行きの最終は二三時五五分と、中央線より四五分早い。

中央線の終電が遅いおかげで、沿線の飲食店も遅い時間まで開いていることが多い。そ

中央線深夜時刻表（各駅停車）

23	02中 09立 16豊 26立 33豊 39豊 45高 51武 58青
0	08豊 18豊 25高 34豊 41高 50武
1	01

※行き先：無印＝三鷹、中＝中野、高＝高尾、豊＝豊田、武＝武蔵小金井、立＝立川、青＝青梅

のために繁華街が夜遅くまで賑わっているのも、中央線の沿線文化の特徴だ。

中央線の終電が遅いのは、戦前から続いている。一九三四（昭和九）年一二月の時刻表を調べてみると、新宿発立川行きの終電は午前〇時五二分で、立川着は午前一時三〇分。つまり、戦前から終電の時刻が遅かったことがわかる。

ただ、このときは終電が遅いのは中央線だけでなく、ほかの路線も現代より遅くまで走っているケースが多かった。一九四〇（昭和一五）年一〇月の時刻表によると、山手線の最終列車（内回り）が終点の品川駅に到着する時間が、午前一時四九分（現在は一時一九分品川着）だというのだから驚くばかりである。

戦時中には、さすがに終電は早かったようだが、戦後になると再び夜遅くまで走るようになり、一九五五（昭和三〇）年一一月の場合、浅川（現・高尾）行き最終の新宿発は午前〇時二六分、三鷹行きは午前〇時五七分発となっている。

つまり中央線は、戦時中を除けばずっと終電が遅い路線だったのである。

通勤の切実な悩み杉並三駅問題とは？

中央線の高円寺駅、阿佐ケ谷駅、西荻窪駅は、「杉並三駅」と呼ばれている。杉並区内にはほかにも荻窪駅があるのに、この三つの駅だけが「杉並三駅」と呼ばれている。

この三駅は、中央線を利用する一部の人々から、「快速を停めるべきではないのに停まってしまう駅」という意味合いで、「杉並三駅」と呼ばれているのである。

では、なぜ快速が停まるべきではないのか。

それは快速の停車駅を見るとわかる。新宿駅を出た快速は、大久保駅、東中野駅を通過して中野駅に到着する。そして杉並区に入り、高円寺駅、阿佐ケ谷駅、荻窪駅、西荻窪駅と停車していく。そして多摩地区へ入り、八王子市を目指す。

この停車駅からわかることは、快速列車は大久保駅と東中野駅の二つの駅を飛ばす以外は、各駅停車と同じなのだ。

私鉄を含む他路線であれば一般的に、快速はほかの路線との乗換駅など重要な駅に停車する。中野駅は東京メトロ東西線との乗換駅であり、荻窪駅は東京メトロ丸ノ内線との乗換駅なので、快速停車駅となるのは納得だ。しかし高円寺駅、阿佐ケ谷駅、西荻窪駅はほかの路線が乗り入れているわけではなく、相対的には重要とはいえないだろう。

三鷹駅までは中央線の各駅停車も走っているので、わざわざ快速を停める理由があるとも思えない。

商店街の猛抗議で、快速なのに各駅停車状態に

このため快速が登場した当初は「日本一無意味な快速」と沿線住民から酷評されていたこともあったが、なぜ当時の国鉄（現・ＪＲ）はほぼ各駅停車の快速を導入したのか。

もともと国鉄としても、高円寺駅、阿佐ケ谷駅、西荻窪駅に関しては、快速を停める予定はなかった。しかし、結果的にこの三駅に快速を停車させるしかない状況に追い込まれてしまったのである。

現行の運行形態は、一九六九年（昭和四四年）四月に荻窪～三鷹間が複々線化されたときにはじまる。一九六〇年代から中央線沿線の人口が急激に増加し、輸送能力が限界に達していた。そのため、高架化と合わせて、複々線化の工事が行なわれたのである。これにより一九三二（昭和七）年から運行している中央・総武線の各駅停車に加え、快速列車を走らせることができるようになったのだ。

このときのＪＲの構想では、快速停車駅を新宿駅、中野駅、荻窪駅、吉祥寺駅にする計画であった。つまり、杉並三駅は通過される予定だったのだ。

ところが、この計画を知った杉並三駅の地元商店街が「快速が停まらないと客が減る！」と異議を唱えた。彼らは複々線化に際して用地提供をしてくれるため、国鉄としても無視できない。結局国鉄は、用地提供の交換条件として、複々線化が完成して快速を走らせる際には杉並三駅に快速線のホームをつくって快速列車を停車させる、という協定を結んだのである。

この協定に従い、中央線快速列車は杉並三駅すべてに停車することになった。しかし、国鉄の事業を引き継いだＪＲものちにこれは快速列車としての意味を為さないという考えに至ったらしく、現在では、土日・祝日に限り杉並三駅を通過することにしている。土日・祝日においては、快速ホームへ上がる階段の前に柵が設けられ、ホームへの立ち入りができなくなる。

ただ、多摩地区の乗客からすれば、本当に杉並三駅を飛ばしてほしいのは通勤通学を行なう平日で、土日に通過してもあまり意味がない。しかも、土日に快速列車に乗ると、この三駅を通過して快適に走るものだから、よけいに平日の各駅停車状態に不満が募る……。ＪＲとしては、さぞかし頭が痛いことだろう。

多摩が東京都になったのは中央線のおかげ!?

中央線
五日市線
青梅線

中央線は、東京都心部から中野区、杉並区などの山の手を通り、多摩地区へと至る路線である。多摩地区は、東京都のうち二三区と島嶼部を除いた広大な地域で、中央線でいえば吉祥寺駅から高尾駅、青梅線や五日市線でいえば全線の区間が含まれている。

この多摩地区、すべて東京都に含まれているが、じつはかつて神奈川県だった。

明治維新後、三多摩（「北多摩郡」「西多摩郡」「南多摩郡」）は「品川県」「韮山《にらやま》県」「入《いる》間《ま》県」（のちの埼玉県）などに分割されたが、一八七一（明治四）年の廃藩置県後まもなく、その大半は神奈川県に編入された。この措置は、神奈川県知事だった陸奥《むつ》宗光《むねみつ》の要望があったからだという。三多摩のうち、八王子や原町田などは、外国貿易の中心地だった横浜から一〇里以内にある外国人遊歩区域だった。そのため開港場を管轄する神奈川県に入れた方が管理しやすいと考えられたのだ。

しかし一八九三（明治二六）年になり、今度は三多摩を東京府へ移管しようという話が浮上する。衆議院に「東京府神奈川県境域変更法律案」が提出されると、地元住民の間で反対運動が展開されたにもかかわらず、わずか一〇日余りで慌ただしく移管が決定した。

なぜ二〇年以上も経過したこの時期に東京へ移管されたのだろうか。

当時の政府はその理由について、「東京の飲料水確保のため、玉川上水の水源地である多摩地区を東京の管轄下に置く必要があった」と説明している。

東京都多摩の動脈となっていた中央線

玉川上水を手に入れるため東京へ移管したというのは、すべての理由ではない。この移管は三多摩全体であり、水源には関係のない南多摩まで含まれているからだ。東京移管は複数の理由によって決定されたものである。

じつは中央線の存在が、この移管の方向性を決定づけたともいえる。

多摩地区では古くから江戸との経済的な結びつきを重視しており、江戸との物流のために玉川上水の通船を望んでいたが、水質が悪化することを理由に幕府からは許可されなかった。明治期に一時のみ許されたものの、結局二年一か月で同様の理由で中止されている。

多摩地区の人々にとっては東京への物流の確保は悲願だった。そしてそれを実現させたのが、一八八九（明治二二）年に開通した甲武鉄道（現・中央線）である。これが開通すると、多摩地区は東京との経済的な結びつきが一層強くなった。そのため移管反対論者が大勢だったにもかかわらず、一部の市民の間では東京府へ移管する話が出る前から東京への帰属を求める声も挙がっていた。その力も後押しして多摩地区が東京府下になった。

三多摩があわや多摩県に

こうして甲武鉄道による東京との結びつきも作用して、三多摩地区は東京になった。しかしその後、再び神奈川県へ帰属させようとする事態が起きた。大正末期に東京都制案が議論されるようになると、都制は大都市制度であるため多摩まで含めるべきではないと、東京市は多摩を除外しようと主張したのである。そのため、多摩地区が再び神奈川県下となる〝神奈川県復帰案〟が浮上する。

しかし、多摩の人々はこの三〇年で東京府下にあることが多摩地区の経済的な発展にプラスに作用したと考えており、神奈川県復帰を望まなかった。政府は三多摩だけを集めた〝多摩県〟構想を提案するが、これでは県域が小さすぎて成り立たないと、多摩地区は猛反対。やがて一九四三（昭和一八）年に東京都が成立したとき、東京都の一部になったのである。

こうして中央線による東京との経済的結びつきから、多摩地区は東京都となった。もし中央線がなければ、多摩は神奈川県の一部のままだったのかもしれない。

中央線

知られざる地下貨物トンネルを走る快速列車とは？

東京西部に住む人が東北新幹線に乗ろうとすると、中央線で東京駅まで出て始発から乗ると考える人が多いだろう。だが地図を見ればわかる通り、これはかなり遠回り。新宿駅から埼京線で大宮駅に出たほうが早い。

ところが、乗り換えなしで八王子駅から、東北新幹線が乗り入れる大宮駅へ向かう列車がある。大宮駅は、埼玉にある東北本線の駅。八王子駅から行く一般的なルートは、新宿駅へ出て埼京線に乗らなければならない。乗り換えなしとは、どうにもイメージがしづらい。

それを実現した列車が、快速「むさしの号」である。

そんな電車、どこをいつ走っているのか、と首を傾げる人も多いことだろう。むさしの号は本数が非常に少なく、八王子発は平日は二本、土日・祝日に四本、大宮発は平日も土日・祝日も三本のみという珍しい列車。平日の八王子駅では夕方になると見慣れない武蔵野線の車両が停車しているのを見かけるが、それがこの列車である。

205系5000番台の車両。おもに武蔵野線を走っているが、むさしの号として八王子駅に停車している姿を夕方に見ることができる。

ではこの列車はどのようなルートで大宮駅まで向かっているのだろうか。

むさしの号は、八王子駅を出発すると、豊田駅、日野駅を通り立川駅に至る。立川駅を出ると国立駅へ至り、そこからまもなく中央線から分岐。武蔵野線の国立支線という地下貨物線に入り、新小平駅に停車する。そのまま武蔵野線内を走り、新秋津駅、東所沢駅、新座駅と各駅に停車していく。そして北朝霞駅から再び武蔵野線の大宮支線という地下貨物線を走って東北本線と合流。大宮駅へと向かうのである。

むさしの号は、普通の列車が走ることのない地下貨物線を片道で二路線も通っているのだ。そのため、鉄道ファンの間でも人気のある列車である。

第三章

観光ガイドとはひと味違う！沿線の地理・歴史を巡る

西荻窪の住宅地には見えない川が地下を流れている！

中央線 JC 10 JB 03
西荻窪
にしおぎくぼ
Nishi-Ogikubo

中央線の西荻窪駅は、小規模な飲食店や古書店などが軒を連ねる大人の街として知られている。駅を南に出て神明通りなどの飲食店街を抜け、さらに南へ二〇〇メートルほど進むと、通称そよかぜ通りと呼ばれる道路との交差点に出る。

このそよかぜ通りは、少し不思議な道路である。

住宅街の中を走る片側一方通行の細い道路だが、なぜか片側にある幅広の歩道が、途中で道の反対側へ付け替えられるのだ。せっかく幅の広い歩道があっても、途切れてしまうので道路を渡らなければならない。なぜこんな妙な歩道をつくったのだろう。

理由は、この歩道がかつてこの地を流れていた松庵川《しょうあんがわ》という河川を埋め立てた暗渠《あんきょ》の上につくられたものだからだ。暗渠が屈曲しているため、歩道もそれに応じて道の左右に切り替わっているというわけである。

人工的につくられ、短期間で暗渠となった松庵川

松庵川の流路

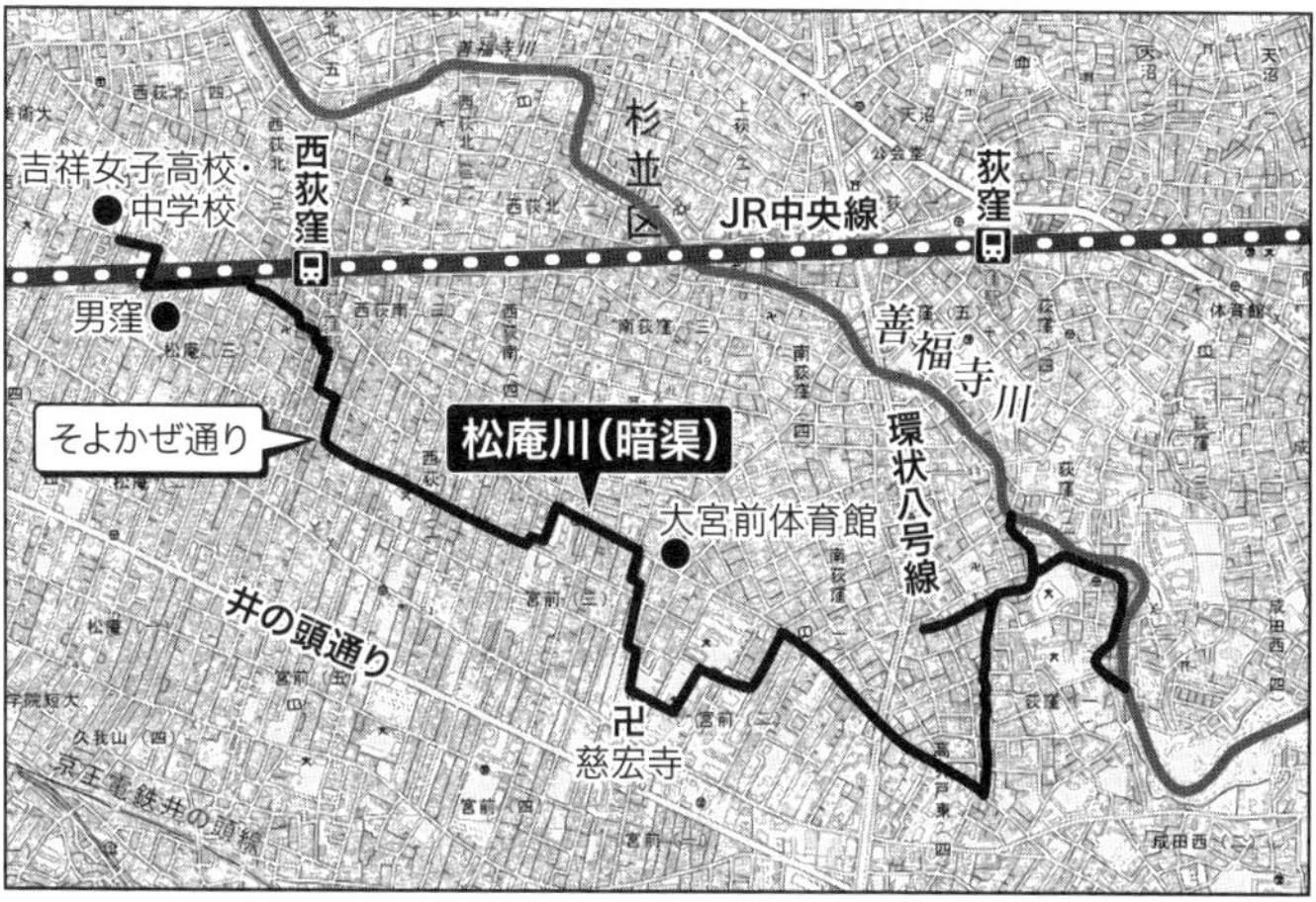

西荻窪〜荻窪間の南側には、善福寺川の支流だった松庵川の暗渠が存在する。川筋の跡は歩道などに転用されており、たどることができる。(国土地理院地形図を加工)

松庵川は、荻窪駅と西荻窪駅の間に流れる善福寺川《ぜんぷくじがわ》の支流で、人工の川だ。中央線の前身である甲武鉄道敷設の際の土取場が湧水池となり、その水が流れる浅い谷を、大正期に開削した排水路である。だが大雨のたびに氾濫して周辺住民を困らせていたため、段階的に暗渠化が進み、一九七一（昭和四六）年にはすべての箇所に蓋がされた。

松庵川の源流は、西荻窪駅の北西にある吉祥女子中学・高等学校周辺の窪地である。ここが甲武鉄道の土取場で、吉祥女子中学・高等学校あたりに女窪、線路を挟んだ南側に男窪、この二つを合わせて松庵窪と呼ばれていた。

谷筋はそこから西荻窪駅のすぐ西側を通

り、飲食店群から南下して、やがてそよかぜ通りに入る。そして屈曲しながら東へ向かい、いったん北上したあとに大宮前体育館付近から慈宏寺まで南下するなど屈曲を繰り返しながら環状八号線を越える。そしてその先で北上すると、荻窪駅の南側で善福寺川と合流するのである。

いまではほとんど暗渠となり、そこにかつての川の姿を見ることはできない。人工の川だったために水路敷のほとんどが私有地で、水路が使われなくなったあとは、土地所有者が転用するなどして痕跡が消えている場所も多いのだ。しかし、途切れ途切れではあるが、松庵川の名残が点在している。

先に述べたそよかぜ通りの歩道のほかにも、そよかぜ通りをしばらく東へ進むと目に入る歩道上の看板もまた暗渠を示している。この看板は、構造が弱い暗渠の上に重量のある自動車が入れないように設けられたもの。いまでは見えなくなっているが、ここには金太郎が描かれていた。ここ以外でも杉並区内で金太郎の看板を見つけたら、その下には暗渠がある。

看板のほかにも、コンクリート製の蓋をつなげた道が民家の間に伸びていたり、橋や川沿いの柵などが残された区間があったりと、あちこちにその痕跡がある。そうした目印を追っていけば、松庵川の流路をたどることも可能だ。

副都心のオアシス・新宿中央公園はかつて浄水場だった

中央線 JC 05 JB 10

新宿
しんじゅく
Shinjuku

新宿駅西口には、都庁をはじめとする高層ビルが立ち並んでいる。それだけでなく、ビル群の中には緑豊かな公園も広がっている。「新宿中央公園」だ。

新宿中央公園の面積は約八万八〇〇〇平方メートルで、新宿区では最大の面積を誇っている。開園は一九六八（昭和四三）年で、一九七五（昭和五〇）年に東京都から新宿区に移管された。

新宿区にはもう一つ、新宿御苑という有名な公園がある。駅の西側と東側という違いはあるものの、ともに新宿駅からほど近い場所にある。新宿御苑は江戸時代に信州高遠藩主内藤家の屋敷があった土地の一部であり、明治時代に皇室の御料地となり、皇室庭園となったものが戦後一般開放されたという歴史がある。

しかし、新宿中央公園の歴史は浅い。高度経済成長のなか、土地はいくらでも必要だったはずの時代に、なぜ新宿の高層ビル群のど真ん中にわざわざ広い公園をつくる必要があったのだろう。

テーマの「水」は淀橋浄水場の名残り

その疑問を説くヒントが、新宿中央公園内にある「新宿ナイアガラの滝」と「新宿白糸の滝」という二つの滝だ。もちろん北アメリカ大陸のナイアガラの滝や、日本各地にある白糸の滝の本家と比べれば小さいものだが、新宿ナイアガラの滝は横幅が広く、新宿白糸の滝は水が細く流れていて糸のように見えるなど、その特徴をとらえている。ほかにも、親子で楽しめる「じゃぶじゃぶ池」などもあり、水がテーマの公園といえる。

これらの滝や池に共通する「水」こそが、新宿中央公園のルーツ。ここはかつて淀橋《よどばし》浄水場だった場所である。

淀橋浄水場は、一八九八（明治三一）年につくられた施設である。このときから東京市内への洋式水道が始まった。開設のきっかけは、一八八六（明治一九）年に大流行したコレラ。横浜で発生したコレラが、日本橋や本所、深川、浅草など東京にも広がり、東京府下で患者一万二一七一名、死者九八七九名にも上った。

コレラの流行は飲み水を供給していた玉川上水の汚濁が原因だと以前から考えられていたため、浄水場の建設が急がれた。工事は一八九三（明治二六）年に始まり、一八九八年に完成した。

新宿中央公園にある新宿ナイアガラの滝。園内に水が流れているのは、この場所が玉川上水が流れ込む淀橋浄水場だったからである。

その場所として選ばれたのが、新宿駅西口の一帯だった。ここは当時、淀橋町という地名だったため淀橋浄水場と命名され、以後、一九六五（昭和四〇）年に東村山浄水場に機能を移転するまで、七〇年近くも東京の住民の生活を支え続けていたのである。

浄水場があった時代には、蒸気ポンプの運転のために、二本の大煙突が立ち、その姿は東京市内と郊外の境にそびえるシンボルとして有名だった。だが浄水場がなくなると煙突は消え、いまではその代わりに東京都庁などの高層ビルが立ち並んでいる。新宿中央公園の中にある二つの滝だけが、かつてここに浄水場があったことをいまに伝えている。

高円寺名物阿波踊りは当初、「ばか踊り」と呼ばれていた!?

中央線 JC 07 JB 06

高円寺
こうえんじ
Kōenji

阿波踊りといえば、日本三大盆踊りの一つにして徳島県の伝統芸能として有名だ。ところがこの阿波踊り、本場徳島に劣らぬ盛り上がりを見せているところがある。それはなんと徳島から遠く離れた、中央線沿線の高円寺である。

高円寺では、毎年夏になると「東京高円寺阿波おどり」が行なわれる。高円寺駅や新高円寺駅周辺の商店街などから多数のグループ（連）が阿波踊りに参加するほか、本場徳島からも連が参加して、約一万人が踊る一大イベントになっている。

いまや東京の祭りの代名詞ともなっている行事だが、なぜ東京で阿波踊りが発展したのだろうか。

じつはこの高円寺の阿波踊りは「高円寺ばか踊り」という、まったく別の踊りから始まったのである。

ばか踊りがスタートしたのは一九五七（昭和三二）年のこと。商店街の青年部の人々がまちおこしの起爆剤として、当時大人気だった隣町の阿佐ヶ谷で行なわれている七夕祭り

毎年夏に高円寺駅周辺で行なわれる東京高円寺阿波おどり。各地の連が集まり、全体で約１万人が踊る一大イベントとなっている。

に対抗できる祭りができないか、と考えたのが始まりである。神輿を担ぐ、盆踊りをするなどのアイデアが出されたが、神輿は高くて買えないし、商店街には盆踊りの櫓を組む場所がない。一同が何かよいアイデアがないかと考えていたとき、参加者の一人が「徳島には道を踊りながら進む阿波踊りという祭りがあるらしい」と言ったのがきっかけとなり、「それならば阿波踊りにしよう」と決まった。

ただ阿波踊りと名乗るのは、はばかられたことと、徳島では阿呆おどりと呼ばれていたこともあり、あほを関東のばかの意味に直して、ばか踊りと名付けた。

ところがここで一つ大きな問題があった。じつは商店街に、肝心の阿波踊りを見た人が誰もいなかったのだ。ビデオもネットもない当時では、何となくこんな踊りらしいと聞いたところで、実際に確かめることができない。そこで日本舞踊の先生に踊りを教わることになったが、どうやら先生も阿波踊りをよく知らなかったようだ。参加者は「一歩進んで二歩下がり、二歩とんで見栄を切る」という、阿波踊りとは似ても似つかぬ踊りを練習した。

そして高円寺ばか踊り当日、白粉や口紅を塗った若者たちが駅から約二五〇メートルの商店街を踊り歩くことになったのだが……。ちんどん屋にお囃子を頼むと、なぜか「佐渡おけさ」のリズムが流され、参加者は次第に恥ずかしくなり途中からだんだんと駆け足となって、踊らずに走り抜ける始末だった。このように当初は、阿波踊りとは踊りもリズムもまったくの別物だった。

翌年も迷走を続けた。お囃子が流れるスピーカーを付けたリヤカーを引いたり、しゃもじや鳴子を持ってみたり、踊りもスローテンポにしたりと、祭りを催しはしたが、やはり阿波踊りとはほど遠い踊りだった。

ばか踊りが存亡の危機にみまわれる

それでも賑やかだったことは確かで、第一回目は二〇〇〇人、第二回はなんと二万人もの見物客が集まった。人が集まるのはよかったが、今度は店の前に人垣ができてしまうため商売にならないとの不満が商店街から噴出。まちおこしのためにはじめた催しなのにこれでは意味がない。三回目には早くもばか踊りは存亡の危機に立たされたのである。

そこで青年部で存続か中止かを無記名投票を行なうことになり、結果は一〇対九というわずか一票の僅差で継続が決定する。

商店街の一同は、このままではいけないと本場の阿波踊りを目指し、四回目には東京にある徳島県人会や徳島新聞社などを回り、なんとか阿波踊りを学べないかと模索した。そうしたなか、五回目から深川にある木場連を紹介され、手ほどきを受けることができるようになる。その折、従来のばか踊りを実演したところ、木場連の先生からあきれられるほどのお粗末な踊りだったようだ。ここからようやく阿波踊りらしくなっていく。

そして、ついに七回目の一九六三（昭和三八）年、ばか踊りから「高円寺阿波おどり」を名乗るようになったのである。

そのうち高円寺の阿波踊りの盛り上がりを聞いて、初台や神楽坂など東京のほかの地域でも阿波踊りを踊る地域が出てきた。二〇一七（平成二九）年には東京でも約二〇か所で踊られるまでになった。当初はばか踊りの高円寺だったが、いまでは東京の阿波踊りの元祖となっている。

武蔵国一の大寺院・国分寺はどうしてこの場所に建てられた？

中央線 JC 16

国分寺
こくぶんじ
Kokubunji

東京学芸大学や東京経済大学など、学生の街として知られる国分寺。中心の国分寺駅には、中央線だけでなく、西武鉄道の多摩湖線と国分寺線が乗り入れており、多くの人が乗り降りしている。

この国分寺という地名は、この地に建てられた武蔵国分寺が由来である。

武蔵国分寺が建てられたのは、奈良時代のこと。当時は疫病が流行したり、凶作で食糧が不足したり、また朝廷で政治的混乱が起こるなど凶事が多かった。そこで聖武天皇が、仏に祈ってこうした凶事を払拭しようと、全国に置かれた六十余州のそれぞれに国分寺と国分尼寺《こくぶんにじ》を建立することを命じた。

現在の東京都と埼玉県、神奈川県を含んだ武蔵国にも、国分寺が建てられたわけだ。

ここで素朴な疑問が生じる。なぜ武蔵国分寺が建てられたのは、この場所だったのか。東京都と埼玉県、神奈川県を含む広大な領域の中で、この地が建設地として選ばれることになった特別な理由があったのだろうか。

国分寺駅の南にある武蔵国分寺跡。広大な敷地のなかには多くの建物の礎石が残っており、一部は開発されずに史跡として保存されている。

国分寺建立は厳しい条件がある

このとき建立する場所の選定には、厳しい条件がつけられた。まず、その国の中心となる国府に近い場所であることである。さらにその国の住民が参拝しやすいように、交通の便がいいところでなくてはならなかった。

言い換えれば、人里離れたところには建てられないということだ。国府の近くであり、かつ多くの人が訪れやすい場所を探さなくてはならない。

条件はこれだけではなかった。水害などが起こりそうな場所は避けられ、地盤が安定しているところでなくてはならないとされた。こうなると、河川敷は候補から外れることになる。またジメジメとした湿地や沼沢地も建立は難しい。

さらに、南側に向いた土地で、仰ぎ見るのによい場所という条件もついた。要するに周辺に雑木林などが雑然とあるような土地は不適格であり、見晴らしがよい場所でなくてはならない。そのほかにも、人家の雑踏から離れているという条件もつけられたため、町中にも建ててはならない。

これだけ厳しい条件を満たす場所が本当にあるのかと思ってしまう。

武蔵国分寺は最適な立地だった

武蔵国ではさっそく寺院の候補地選びが行なわれた。武蔵国の国府は多摩川北岸の府中にあったため、この付近の土地が候補となった。

そして国府から三キロメートルほど離れた場所が選ばれた。一帯は水田が拓けていて遮るものがない。北側に丘があるだけで、南面が大きく開けている。また丘の麓からは清水がこんこんと湧き出ている場所だった。さらに、ここには武蔵国と上野国を結ぶ東山道《とうさんどう》武《む》蔵路《さしみち》があり、交通の便がよかった。この道路幅はなんと一二メートルもある。

こうして選ばれた武蔵国分寺の場所は、前述の厳しい条件をすべて満たす最適な場所だったのである。

東大寺に匹敵する規模の寺

武蔵国は、近畿などの政権中枢に比べると、新しく開拓された国だったが、それゆえ国分寺建立には並々ならぬ力が注がれた。武蔵国分寺の伽藍《がらん》配置は、中門、金堂、講堂が一直線に並び、南東の角に七重塔が建つという東大寺と同じ形式である。

さらに東大寺に類したのはそれだけではない。武蔵国分寺の寺域の規模は約一五万平方メートル。東京ドームに換算すると三・二個分にあたる。この広さは、諸国の平均寺域の約三倍で、東大寺に次ぐ規模だったのである。

しかしながら、律令体制が崩れてくると、官寺の勢いは次第に衰え、一三三三（元弘三）年の分倍河原《ぶばいがわら》の戦いによる混乱に乗じて焼失した。

現在、その壮大な武蔵国分寺を偲ばせるものはほとんどなく、「史蹟武蔵国分寺址」の碑が建っているだけだ。現存している国分寺は、江戸時代の享保年間（一七一六年～一七三六年）に建立された医王山最勝院《いおうざんさいしょういん》国分寺である。境内にある国分寺市文化財保存館には、武蔵国分寺址から出土した郡名入り文字瓦や、ペーパークラフトの復元模型が展示されており、当時の姿をいまに伝えている。

東高尾の地下には巨大な地下空間が眠っている!?

中央線　JC 24
高尾
たかお
Takao

八王子市の高尾駅ホームから、甲府方面を眺めると、並行する京王線の線路が、途中で中央線と別れ、東高尾山稜に穿たれたトンネルをくぐっていく光景が見える。

東高尾山稜は金刀比羅山《ことひらさん》、初沢山《はつさわやま》と低い山が並ぶ普通の山だが、じつは京王線のトンネル以外にも別のトンネルも掘られている。しかも、それはクモの巣のように縦横に張り巡らされた、巨大な地下空間である。

その正体は、戦時中に掘られた浅川地下壕《あさがわちかごう》である。

浅川地下壕が計画されたのは、戦時中の一九四四（昭和一九）七月である。本土空襲が避けられない状況になり、陸軍は空襲や本土決戦に備えて陸軍の備品を疎開させる施設をここにつくろうと計画した。九月から突貫工事に取りかかり、削岩機で岩に穴をあけ、そこにダイナマイトを詰めて爆破してはトロッコを使って岩を外に運び出すという作業を繰り返して掘り進んだ。この掘削工事に際し、高尾駅からは引き込み線もつくられた。

こうして山腹の地下をくりぬいたイ地区（現・三和団地地下）が完成。高さが二・三メ

現在の浅川地下壕の内部。トンネル内は岩を素掘りした壁面が延々と続いている。（提供：浅川地下壕の保存をすすめる会）

ートル、横幅は四・五メートルほどのトンネルが縦横に何列も並んだ。さらに地下壕は掘り進められ、イ地区の拡張のほか、金刀比羅山地下のロ地区、横にある初沢山の中腹地下のハ地区と三つのブロックが掘削された。三地区を合わせると一〇キロメートルに及ぶ巨大なもので、長野県の松代《まつしろ》大本営地下壕に匹敵する規模だという。

当初は陸軍の倉庫として掘り進められていたが、武蔵野市にあった軍用機のエンジンなどをつくる中島飛行機武蔵製作所が空襲を受けたため、予定を変えて中島飛行機の疎開工場として使われることになった。

地下壕の内部は岩肌がむき出しのままとなっているが、使用当時は、壁にそって丸太が立てられ、その柱と横に渡された梁によって崩落を防いでいた。柱と梁には電線も通された。細長い地下壕内部に多くの工作機械を並べられ、延べ三～四〇〇〇人が働いたといわれる（地上の組み立て部隊含む）。

保存された地下壕はイ地区のみ見学可能

当初の計画では月間で五〇〇機の製造を予定していたものの、地下の湿気で工作機械が壊れたり、錆びついたりして思うように作業は進まず、結果的に一〇機ほどしか製造できなかった。また工場として使われたのはイ地区のみで、ロとハ地区は未完成のまま終戦を迎えることになった。

戦後にはアメリカ軍に引き渡されたあと、民間企業が山ごと買い取ったため、地下壕も民間の所有となった。一時期はマッシュルームの栽培に使っていたこともあったが、長らく放置状態が続いていたという。近年になって、この浅川地下壕を戦争遺跡として保存し、後世に伝える活動が進められるようになった。二〇一四（平成二六）年には金刀比羅山が八王子市の所有になり、保存活動が前進している。

現在ではロ地区の地上部分は住宅地となっているため、補強のために地下壕を埋め戻し、ハ地区も崩落の可能性があるため閉鎖されている。唯一イ地区は市民団体「浅川地下壕の保存をすすめる会」が坑内のツアーを行なっており、申請をすれば見学することができる。

小金井名物のサクラが植えられた驚くべき理由とは？

中央線　JC 15

武蔵小金井
むさしこがねい
Musashi-Koganei

春、花見の季節になると、武蔵小金井駅には、小金井公園や玉川上水の桜を目当てに花見客が増える。とくに毎年四月の第一土曜日、日曜日に、小金井公園で開催される「小金井桜まつり」では二二万人もの人が訪れる。この公園には、約五〇種一七〇〇本の桜があり、なかでも園前広場のソメイヨシノは目を惹く。これら桜の花々を観賞しながら、特設ステージでの演奏やダンス、四〇店舗もの屋台で地元グルメや名産品を楽しんでもらおうという、地域のイベントである。

小金井の桜がこれほどの盛り上がりを生んでいるが、江戸時代から有名な場所だった。小金井は、江戸市中より約二四キロメートルと遠いにもかかわらず、老中の阿部正弘がわざわざ遠乗りしてまで花見をしたということから話題となり、江戸っ子たちに桜の名所として広まったのである。

その後、明治、大正と時代は変わっても、小金井の桜を愛でる人々の気持ちが変わることはなかった。ヤマザクラの天然の変種が多く貴重であることから、一九二四（大正一三）年には国の名勝に指定された。

同じ年には、花見客の便宜のために中央線に臨時停車場が設置。翌々年には正式な駅に昇格し、武蔵小金井駅となった。シーズンには臨時列車が増発され、花見客を運んだ。

現在も桜に対する注目度は変わらず行楽客で賑わう一方、後継樹の育成や手入れ、生育環境の整備をする「名勝小金井（サクラ）復活プロジェクト」が進められ、江戸時代以来の桜の伝統が継承されている。

桜の意外な効用を期待した

地元の人々が手入れを欠かさないこの小金井の桜は、もともと自然に咲いていたわけではない。江戸時代に人工的に植えられたものだ。

ここに桜を植えたのは川崎定孝《かわさきさだたか》（通称：平右衛門《へいえもん》）である。江戸南町奉行の大岡越前守忠相《ただすけ》より抜擢された農政家で、農村の新田開発やその運営に尽力した人物だ。

平右衛門は享保年間（一七一六〜一七三六）に、吉野山のヤマザクラ（別名シロヤマザクラ）と常陸桜川のオオヤマザクラ（別名ベニヤマザクラ）の数百株を、玉川上水沿いに植樹した。その理由は、開発した新田に多くの人々が来て賑わうようにするためと、その人出によって堤を踏み固めるためだった。現在のような賑わいを演出した手腕は見事だが、

歌川広重「江戸近郊八景之内　小金井橋夕照」。こうした作品の数々が小金井の桜の知名度を上げていった。（国立国会図書館蔵）

一説によると、さらに別の理由があったようだ。

それは毒消しである。桜の幹の皮は、生薬「桜皮」としても使われ、解毒作用や咳止め、解熱効果があるとされていた。

この効能から、玉川上水沿いに桜を植えておけば、やがて桜の実が落ちたり、皮が剥がれ落ちたりすることで、自然に玉川上水の毒を浄化してくれると人々に信じられたようだ。

玉川上水の水は江戸市中の人々にとっては貴重な飲料水。そのため、玉川上水の水質にはとても敏感にならざるを得なかった。そこで、江戸市民を安心させるために、毒消しという意図もあったのではないかといわれている。

新選組の故郷・日野では幕末の日本を体感できる！

中央線 JC 20

日野
ひの
Hino

中央線の日野駅がある一帯は、江戸時代に甲州街道の宿場であった。そこには大名や幕府役人などが宿泊した本陣もあり、それはいまも存在している。

「日野宿本陣」は、日野駅から東に一〇分ほど歩いた場所に存在する。この建物は、一八四九（嘉永二）年正月に大火で主屋が焼失し、それに代わるものとして、幕末に日野宿の問屋と日野本郷名主を務めていた佐藤彦五郎《さとうひこごろう》が本陣兼自宅として建てたものだ。現存している都内で唯一の本陣・脇本陣施設である。

この日野といえば、もう一つ有名なことがある。この地が、新選組副長・土方歳三《ひじかたとしぞう》の出身地だということだ。しかも、前述した佐藤彦五郎は歳三の義兄。彦五郎は近藤周助《こんどうしゅうすけ》に入門して天然理心流を学び、自宅に道場を開いていた。歳三もこの道場に通い、兄とともに近藤周助が出張っていた道場にも通っていた。そして、そこで近藤勇《いさみ》と出会ったのだ。また、彦五郎の道場には、近藤勇や沖田総司《おきたそうじ》なども通っていたといわれている。つまり日野宿本陣は、新選組とも非常に深いゆかりを持った場所なのである。

佐藤彦五郎の自宅も兼ねていた日野宿本陣の門。江戸時代に建てられた本陣建物としては都内唯一である。

新選組のゆかりの地である日野は、新選組を物心両面から支援し、そのために東征軍から「賊軍のまち」として徹底的な大捜索を受けた過去もある。

現在、日野駅の東部には歳三の生家があり、近くには土方家の菩提寺・石田寺があって、先祖代々の墓とともに歳三の墓もある。また、同じ日野出身の新選組六番隊隊長・井《いの》上《うえ》源三郎《げんざぶろう》の資料館など、日野には新選組にまつわる貴重な遺物が数多く残されている。

　新選組と関係の深い日野では、現在、五月一一日の土方歳三の命日に合わせ、毎年五月の第二土曜日、日曜日に「ひの新選組まつり」が行なわれている。新選組の衣装に身を包んだ「隊士」が市内各所を練り歩くというもの。全国から集まった四〇〇〇人もの参加者がパレードするこの祭り、新選組ファンなら一度は参加してみたくなるイベントである。

中野区役所前に置かれた犬の銅像は何を語っているのか？

中央線 JC 06 JB 07

中野
なかの
Nakano

中野駅の北口を出て、中野サンプラザの前を通り過ぎると中野区役所が見える。

この庁舎の前には、犬の銅像が五体並んでいる。中野区と犬、現代ではまったくピンとこないが、かつて中野の地に、たくさんの犬が集められていたことがある。

それは江戸時代のこと。五代将軍の徳川綱吉《つなよし》は、息子の徳松を亡くし、そのほかに世継がいなかった。なんとか世継を授かりたいとしたがその願いは叶わなかった。そんなとき綱吉の母がかねてから信仰していた神田橋外護持院の大僧正隆光《りゅうこう》からいわれたのが、「世継に恵まれないのは、前世で多くの殺生をしたからです。その償いとして、現世で生き物を大事にすること、戌年生まれであるためとりわけ犬を大事にすると世継を授かるでしょう」といわれた。これを信じた綱吉が、一六八五（貞享二）年に制定したのが「生類憐みの令」である。

この法令を受けて、野犬の保護施設がつくられた。しかし当初は大久保や喜多見《きたみ》にできたものの、江戸市中の野犬を集めていくうちにすぐに満杯となった。そこで目をつけたの

中野区役所庁舎前にある犬の銅像。ここ一帯が江戸時代に巨大な犬の施設であったことを物語っている

が、江戸に近い直轄地であり、徳川家の鷹狩りの地とされていた中野だった。ここなら江戸に近く、鷹場だったために広大な土地が野原のままだった。

施設の建築費だけで二〇万両、年間の維持費は九万八〇〇〇両ともいわれた。この莫大な費用を工面するため、関東に住む幕臣たちからは、百石扶持につき一石ずつの税（犬扶持）を課した。さらに江戸の町人からも、間口一間につき金三分を徴収した。

旧囲町の名の由来は、野犬収容施設

税まで設けられるほど莫大な費用がかかった生類憐みの令だが、それにも増して規模が凄まじかった。はじめにつくった施設が満杯になると、その隣に次の施設を増設するといったかたちで、どんどん広がっていった。収容施設から犬が逃げ出さないために囲いを設け、「一の囲」と呼んでいた。増設するごとに数字をふっていき、五の囲まで広がった。総面積は三〇万坪になり、西は環状七号線、東はＺＥＲＯホールのあたりまで、中央線を挟んだ広大なエリアが犬小屋になっていた。

それでも収容施設が満杯になり、とても増設工事が追いつかないので、近所の住民たちに犬の養育費をわざわざ払って世話をしてもらったという。

こうした歴史から、一九二九（昭和四）年から一九六六（昭和四一）年の間、野犬収容施設があった場所は「囲町《かこいちょう》」と呼ばれていた。現在では中野四丁目となっているが、一つの町といえるほどの広さがあったことがうかがえる。

綱吉が亡くなったことにより、一七〇九（宝永六）年、生類憐みの令は撤廃されたが、その後も野犬収容施設は享保年間（一七一六〜一七三六）頃まで存在した。施設閉鎖後は、犬たちは地域の住民に預けられ、彼らが最後まで面倒をみることになった。

こうした歴史を伝えるため、一九九一（平成三）年の庁舎落成の際に、東京セントラルライオンズクラブが犬の銅像を寄贈した。それが冒頭で紹介した五体の犬の銅像というわけだ。中野の歴史を語るうえで犬は欠かせないものだったのである。

大嶽神社にある狛犬はオオカミがモデル

五日市線 JC 86
武蔵五日市
むさしいつかいち
Musashi-Itsukaichi

奥多摩三山の一つ大岳山《おおたけさん》は、都内からアクセスしやすく、様々なコース取りができることから、初心者から上級者まで多くの人が楽しめる人気の山だ。標高は一二六六・五メートル。頂上からは天気がよければ富士山を眺めることもできる。

その大岳山の山頂付近に祀られているのが大嶽《おおだけ》神社である。日本武尊《やまとたけるのみこと》の東征に際してこの地に立ち寄ったことにちなみ、日本武尊を敬慕する住民が山頂に祀ったのが始まりとされる古社で、蔵王権現《ざおうごんげん》を祀っている。山頂付近にある本宮《もとみや》（奥の院）のほかに、その麓に里宮《さとみや》（遥拝所）がある。

大嶽神社へは、五日市線の武蔵五日市駅からバスで檜原《ひのはら》村に入り、檜原白倉バス停で下車する。一〇分ほど歩けば里宮が見える。本宮にはそこからさらに登山道を三時間ほど歩く必要がある。

ここで里宮の入口にある狛犬を見てほしい。細長くて扁平な顔をしており、一般的な狛犬とは違ったコミカルな雰囲気がある。

身近な存在だったオオカミ

じつはこの像は狛犬ではなく、オオカミの像である。大嶽神社はオオカミを祀っている神社なのだ。オオカミは、「おいぬさま」や「大口真神《おおくちまがみ》」と呼ばれ、蔵王権現の使者とされている。

ニホンオオカミは、一九〇五（明治三八）年に絶滅してしまったが、かつては多摩地方にも住んでいた。オオカミは怖いものといったイメージだが、地元では決して怖いだけの存在ではなく、ありがたい存在でもあった。オオカミがシカやイノシシといった害獣から田畑を守っていたからである。

そしてこのオオカミに対する敬いの念が、オオカミに対する信仰へと結びつき、「おいぬさま」として祀るようになったのである。同様の信仰は、御岳山《みたけさん》にある武蔵御嶽《みたけ》神社や秩父の三峯《みつみね》神社にもある。

こうしたオオカミに対する信仰があるからか、大岳山の麓にある檜原村には、オオカミにまつわる伝承が残る。村人から狐憑きが出たときには、オオカミの頭骨を借りてきて憑き物落としをした話や、赤ん坊にオオカミの乳を飲ませると、丈夫に育って長生きするといわれてきた。地元ではオオカミが日常に溶け込んで親しまれていたのである。

大嶽神社の里宮に置かれた狛犬は、犬ではなくオオカミが象られた姿をしている。同様の狛犬は御嶽神社や秩父の三峯神社にもみられる。

大嶽神社で配布されているお札。火除けとして地元の檜原村では各家々に貼られている。

檜原村を歩いていると、民家の玄関にオオカミの姿が描かれたお札が張ってある光景を目にする。これは、オオカミは火を嫌うことから、そこに掛けて火除けの札としたものである。大嶽神社の四月の例祭で氏子に配られて、檜原村ではいまもオオカミが身近な存在となっている。

第四章

個性豊かな中央線文化
沿線の街おもしろ案内

コリアンタウンの大久保はいまや多国籍タウンに変貌！

中央線 JB 09

大久保
おおくぼ
Ōkubo

大久保駅から山手線の新大久保駅にかけての界隈は、コリアンタウンというイメージが強い。二〇〇〇年代以降、韓流の聖地として多くの韓流ファンが訪れる人気スポットで、近年では流行の韓流グルメ・チーズタッカルビの店も増えている。

この大久保エリアがコリアンタウンになったのは、江戸時代にルーツがある。現在の大久保駅の住所・百人町の一帯は、下級武士である御鉄砲百人組の屋敷地だったため、間口が狭く奥行きが長い短冊状の敷地が密集していた。明治期以降になると細長い敷地がさらに細分化され、小さな住宅やアパートが立ち並んだ。こうした不動産は、小さな資金力でスモールビジネスを始められる貸店舗として最適だった。

また戦後の一九五〇（昭和二五）年、韓国系の企業ロッテの工場が新大久保に移転したことも要因の一つだ。これがきっかけとなってロッテの従業員の多くが大久保に移り住み、前述の小規模貸店舗で飲食店などを営む人も増え、一帯はコリアンタウンになっていったのだ。

大久保にある外国人御用達の食料品店。日本では手に入れづらいスパイスなどが安価で購入できる。

多国籍化が進む大久保

こうして大久保一帯はコリアンタウンとなったが、徐々に変わりつつある。韓国だけでなく、韓国以外のアジア各国やイスラム諸国の文化が混じり合った多国籍タウンと化しているのだ。

実際、新大久保駅の東側は韓国ゾーンになっているが、大久保駅の北側などへ足を伸ばすと、もはやコリアンタウンではないことに気づかされる。大久保駅から新大久保駅の間は中国やほかのアジア諸国、大久保駅の北側はイスラム諸国の人の町となっている。それぞれ各国の店が立ち並び、飛び交う言語も多種多様で、異国に紛れ込んだかのような雰囲気に包まれている。

韓国以外の人々が住み始めたのは、ここ最近のことではない。歌舞伎町に近い大久保には、もともと歌舞伎町で働く外国人ホステスらのベッドタウンだった歴史がある。とくに東日本大震災で中国・韓国系の人々が祖国に帰って以降、多国籍化が加速している。

いまでは大久保、百人町地区に住む外国人は、全体住民の約四割。その出身国は人数の多い順に中国、韓国、ベトナム、ネパール、ミャンマーと続く。韓国出身者は減少傾向にあり、逆にネパール、ミャンマー出身者が急増しているという。とくにネパールは最近まで内戦が続いていた政情不安から、治安がよくビザが取得しやすくなった日本を留学先に選ぶ若者が多い。ネパール人が増えれば、彼らを当て込んだスパイシーなネパールのカレーが食べられる店ができ、彼らの日用品を扱う店も増えていき、リトルカトマンズとも呼ぶべき区域へと発展していくことになる。また、近年ではインドネシア、インド、パキスタンといったイスラム系の人々も目立ち、イスラム教の戒律を守ったハラルフードを売る店やモスクも建っている。

このようにコリアンタウンから、外国人のベッドタウンといった過程を経ながら、急速に多国籍化が進んでいった大久保。この雰囲気は訪日外国人にも好評で、来日した観光客の多くが新宿・大久保を訪れ、満足したと評している。大久保はワールドワイドな魅力が詰まった、一度にいろんな国の雰囲気を楽しめる場所として評判を呼んでいる。

中央線 JC 08 JB 05
阿佐ケ谷
あさがや
Asagaya

ゴールド・ダイヤ・パール… キラキラネームがまぶしい阿佐ケ谷の商店街

阿佐ヶ谷という街は、新宿駅から中央線で約一〇分というアクセス抜群の立地である。開けた駅前から住宅街へ一歩足を踏み入れると、細い路地に美しいケヤキ並木、昭和の面影を残す一戸建てやクラシカルな雰囲気の喫茶店など、どこか落ち着いた大人の佇まいを見せてくれる。また、かつて太宰治や井伏鱒二、与謝野晶子などの文人が多く住み、阿佐ヶ谷文士村と呼ばれたこともあり、古書店が充実していることもこの街の特徴だ。

この阿佐ヶ谷の町並みにおいて特筆すべきなのが、一〇以上ある商店街や商業施設である。呉服屋や金物屋、飲食店などが軒を連ねる長いアーケード街や商店街、商業ビルなどが多い。しかも、どの商店街もゴールド街、ダイヤ街、パールセンター街、スターロードと、ゴージャスな名前がつけられている。金、ダイヤモンド、真珠、星と目がくらむようなキラキラネームである。

中央線の高架下にあったゴールド街は、残念ながら二〇一五（平成二七）年に再開発のあおりを受けて消滅したが、同高架下にあるダイヤ街のリニューアル施設「ビーンズ阿佐

ヶ谷」にいくつかのテナントが移転している。

公募で選ばれたパールセンター

ほかのゴージャスな名前の商店街はまだまだ健在で、とくにもっとも活気があるのが、阿佐ケ谷駅南口から青梅街道まで約六〇〇メートルも続くアーケード街・阿佐谷パールセンターである。

この商店街は、大正期から昭和初期にかけてできた歴史がある。当初は車も行き交っていたが、一九五二（昭和二七）年に都内で初めての歩行者天国商店街になったという歴史をもつ。その二年後には、いまではすっかり夏の阿佐ヶ谷の風物詩となった「阿佐谷七夕祭り」が始まっている。

そんな経歴をもつ商店街だが、当時はゴージャスな名前ではなかった。「阿佐谷南本通り商店会」という、地名を並べただけの名前だった。これでは長くて読みにくく、覚えてもらうのが難しい。そこで一九六〇（昭和三五）年に愛称を公募したところ、多くの応募のなかから選ばれたのが阿佐谷パールセンターという名前だったのだ。

この名前を選んだのには理由がある。各商店それぞれが真珠の一粒のように個性を磨き、かつ真珠の首飾りのように商店同士の結びつきを大事にしながら繁栄していきたいという

阿佐ケ谷駅のホームから見える阿佐谷パールセンターの入り口。真珠をイメージしたドームが特徴的。

阿佐谷パールセンターでで毎年行われている「阿佐谷七夕まつり」。七夕飾りだけでなく、趣向を凝らしたハリボテ飾りが商店街を彩る。

思いがこめられている。

　さらにいまではこのネーミングにあやかって、電動で屋根が開閉する最新式のアーケード天井の模様は、アコヤ貝をモチーフにして、パールセンターらしい風情を漂わせている。

　まさに「パールセンター」の名前にふさわしく、多くの人が訪れ、キラキラと輝いている商店街になっている。

若手お笑い芸人は、なぜ中野を目指すのか？

中央線 JC 06 JB 07
中野
なかの
Nakano

中央線沿線には作家などの文化人をはじめ、俳優、ミュージシャン、芸人などの有名人の卵が多く住んでいる。なかでも若手お笑い芸人がよく集まるといわれているのが中野である。なぜ、若手芸人は中野に集まるのだろうか。

第一に、中野の利便性が挙げられる。中野には、若手芸人の登竜門といわれる「なかの芸能小劇場」がある。座席数一一〇席、舞台から最後部の客席までわずか九メートルと近いため、客の反応がダイレクトに伝わる。なかの芸能小劇場よりもさらに小ぶりなのが、「スタジオ中野シェイプレス」で、客数二五〜三五席。週一回、ネタとトークを披露するライブが開催されている。

若手芸人の場合、毎日のように舞台に立ち、どんなネタが受けるのかといったことを肌で感じる。その経験値を積むために中野の小劇場は最適だという。

また、新宿にはお笑い芸人が多数所属する吉本興業の東京本社があるほか、その劇場である「ルミネｔｈｅよしもと」がある。新宿から近い中野に住居があれば、事務所や劇場へ通うのも便利である。

時間の効率化だけでなく、何よりも経済的メリットが大きい。若手芸人は、毎日舞台に立つことが多いが、交通費は自腹、出演料も高いとはいえない。交通費が自腹となると、できるだけ徒歩や自転車で通えるところ、それが無理ならできるだけ距離が近くて交通費があまりかからないところがありがたいのだ。

社会福祉会館スマイルなかのの２階にある「なかの芸能小劇場」の入り口。若手芸人の登竜門として知られている。

第二に、中野にはアルバイト先が多いことだ。下積み時代の芸人は、ほとんど収入がない。生活費はアルバイトでまかなうのが一般的だ。となると、住居の近くに飲食店やコンビニが多い中野ならアルバイト先が見つかりやすい。

そして第三の理由が、先輩芸人が中央線沿線に多く住んでいることだ。

もし先輩から急に「今から出てこい」と声がかかっても、すぐに出かけられる。こうした人脈を築くうえでも中野に住んでいると出かけやすい。

若手芸人を見たいなら、中野に住むのもおススメである。

中央線 JC 14
東小金井
ひがしこがねい
Higashi-Koganei

ジブリの世界観を堪能できる意外な街・小金井

世界でも知られている日本のアニメ作品といえば、スタジオジブリのアニメだろうか。中央線が、ジブリ作品と深い所縁があることを知る人は多いはずだ。三鷹駅と吉祥寺駅の間には「三鷹の森ジブリ美術館」があり、ジブリといえば三鷹という印象を受けるだろう。では「ジブリ作品の世界観をイメージする場所は？」と聞かれれば、多摩と答える人も多いかもしれない。いくつかの作品には多摩を舞台にしたシーンも少なくないのだ。『となりのトトロ』の狭山丘陵、『平成狸合戦ぽんぽこ』の多摩ニュータウン、『耳をすませば』の聖蹟桜ヶ丘の街並みは、まさに多摩地域を思わせる風情が色濃く映し出されている。

宮崎五朗氏へのインタビューによれば、どの作品も最初から多摩を意識して制作したわけではないというが、スタッフが昔働いていたスタジオが多摩にあった関係から、おのずと都市郊外らしい多摩の素朴な風土が浮かび、作品に盛り込まれていったという。

それら多摩に数あるモチーフのなかで忘れてはいけないのが小金井である。というのも小金井は知る人ぞ知るジブリファンの聖地である。

江戸東京たてもの園にある武居三省堂。もとは文具店であり、壁一面に細かな商品を入れるための引き出しがあった。

スタジオジブリの本社があるのは中央線の東小金井駅である。だが、それだけではない。小金井には、ジブリ作品のイメージを膨らませた場所やモデルとなった建物が点在しているのだ。

作品のモデルとなったお店も

中央線の東小金井〜武蔵小金井間の北側には小金井公園が広がっている。その一角にある「江戸東京たてもの園」は、宮崎駿《はやお》監督が散歩をしながら『千と千尋の神隠し』のイメージの着想を得た場所として知られている。

ここは東京に残されていた江戸から昭和までの建物を復元して展示している施設だが、そこかしこにジブリ作品を思わせる場所がいくつも登場する。

足立区千住元町から移築した銭湯「子宝湯」は、舞台である「油屋《ゆや》」のモデルの一つ。大きな唐破風《からはふ》とその上にある入母屋破風が、油屋にそっくりだ。千尋がカオナシを油屋に招き入れるシーンは脱衣場の坪庭をイメージしたものである。

サブキャラクターの釜爺《かまじい》が働く油屋のボイラー室に、薬草箱の引き出しが壁一面にぎっしりと並ぶ光景を覚えている人も多いだろう。あの空間は、千代田区神田須田町から移築した文具店「武居《たけい》三省堂《さんしょうどう》」がヒントになったといわれている。中に一歩入ると、桐箱の引き出しが床から天井まで並び、アニメのシーンを思い出す。

また、小金井の街中にもモデルとなった場所がある。二〇一四（平成二六）年に閉鎖したが、東小金井駅の北側にあった肉屋「肉のとんぺい」は、スタジオジブリのスタッフのなじみで、よくコロッケを買いに行っていたという。その店が映画『コクリコ坂から』に登場するお肉屋のモデルとして登場している。外観は作品にそのまま採用されており、風間俊と松崎海がコロッケを買いに行くシーンに使われている。

このように小金井は、スタジオジブリの本社があるだけに作品にもその光景がいくつも使われている。ジブリ好きにとっては、アニメの世界観をたっぷり堪能できる場所なのである。

「吉祥寺」という寺が存在しないのに吉祥寺という地名の不思議

中央線 JC 11 JB 02

吉祥寺
きちじょうじ
Kichijōji

吉祥寺は住みたい街ランキングで常に上位に入るエリアである。その人気の理由は交通の便がよく商業施設が充実していることや、その一方で気取らずカジュアルな雰囲気であること、公園が多く豊かな自然環境があることのようだ。吉祥寺駅前の百貨店やハモニカ横丁などの昭和の面影を漂わす飲食店街、散歩に最適な井の頭公園など、魅力的なスポットが多い。

こうしたよい住環境がある吉祥寺だが、肝心の吉祥寺という寺が見当たらない。たとえば、高円寺駅の南には確かに宿鳳山《しゅくほうさん》高円寺があるほか、国分寺駅にも医王山《いおうざん》国分寺がある。中央線以外でも、東急東横線の祐天寺駅や妙蓮寺駅、小田急小田原線の豪徳寺駅などには、駅名と同じ寺がある。

しかしここ吉祥寺駅には、吉祥寺という寺はない。しかも歴史を遡ったとしても、この町に吉祥寺が存在したことはないのである。

江戸時代、諏訪山吉祥寺という曹洞宗《そうとうしゅう》の寺が、本郷元町《ほんごうもとまち》（現在の水道橋駅の北側）の位置に存在していた。だが一六五七（明暦三）年に起きた明暦《めいれき》の大火によりお堂が焼失する。さらに翌年も火事が発生したことから、幕府は江戸市中への延焼を予防するために、諏訪山吉祥寺を本郷本富士町《もとふじちょう》（現在の本駒込駅北側）へと移転させたのである。

このとき焼け出された諏訪山吉祥寺の門前町の住民には、井の頭の北側に新しく土地が与えられた。それが当時、牟礼野《むれの》と呼ばれていた現在の吉祥寺地区だった。

そこはいまだ野原の広がる土地だったが、集団で移住した門前町の人々は、五日市街道沿いに家を建てその奥に畑を開墾した。彼らは自分たちが諏訪山吉祥寺の門前町から来たという歴史を後世に伝えようと、寺がなくてもあえて吉祥寺村と名乗ったのである。

四軒の寺が吉祥寺駅開設に尽力

諏訪山吉祥寺は吉祥寺へ移転しなかったが、住民の移住とともに別の寺がこの地に移ってきた。それが安養寺《あんようじ》と光専寺《こうせんじ》である。さらにここが吉祥寺村として発展すると、蓮乗寺《れんじょうじ》と月窓寺《げっそうじ》という二つの寺も創建された。この四つの寺は合わせて四軒寺と呼ばれたのだが、この四軒の寺こそが、吉祥寺村の発展を支えることになる。

じつは吉祥寺が発展する大きなきっかけになった吉祥寺駅の開業は、この四軒の寺の尽力で実現した。

中央線の前身である甲武鉄道が一八八九（明治二二）年に新宿〜立川間で開業していたものの、このエリアには駅はなかった。そこで地域の有力者たちが誘致運動を展開する。しかし、駅の予定地周辺の住民が駅建設に反対。とくに農家の人々は「汽車が通ると便利になって遊びに出るようになり、農家の経済が破綻する」と恐れ、駅予定地になっていた農地を手放そうとしなかったのだ。

そこで駅開設に尽力したのが四軒の寺である。農地がだめならお寺からと、駅の用地の提供を申し出たのだ。そして開通から一〇年後の一八九九（明治三二）年、現在地に吉祥寺駅ができた。そして駅の開業をきっかけに、駅周辺に繁華街が形成されていった。

そして戦後も、寺が街の発展に寄与する。駅の北側は戦時中に強制疎開地となっており、戦後直後はヤミ市に占拠されていた。すると疎開先から帰ってきた人々の住む場所がない。そこで、一帯の地主である月窓寺が土地を提供してヤミ市の一部を細分化した商店街をつくったのである。やがて一帯はアーケード街サンロードへと発展していった。月窓寺は現在、このサンロードに面して立派に門を構えている。

こうした街の歴史から、いまでも駅の土地の所有者は寺。駅前のサンロード商店街やハモニカ横丁一帯の土地も月窓寺の地所である。吉祥寺という寺こそないが、別の寺によって発展し、支えられてきた街だったのである。

将棋の聖地・千駄ケ谷駅のシンボル「王将」はどこへいった？

中央線
JB 12
千駄ケ谷
せんだがや
Sendagaya

中央線の千駄ケ谷駅といえば、駅前の新国立競技場が有名である。二〇二〇年の東京オリンピックに向けて建設工事中であり、スポーツ施設が集まる神宮外苑（一二六ページ参照）の顔といっても過言ではない。

しかし千駄ケ谷駅にはもう一つ別の顔がある。それは、将棋界の聖地であるということ。駅から南側へ五分ほど歩くと、日本将棋連盟本部が入る東京・将棋会館（以下、将棋会館）がある。

この将棋会館は、将棋界の総本山でもあり、公式戦の会場として数々の名勝負が行われてきた。それだけでなく、入場料さえ払えば、誰でも自由に対局することができ、初心者から上級者まで気軽に将棋を楽しめる場所でもある。

しかし二〇一七（平成二九）年七月、日本の将棋界に衝撃が走った。なんと千駄ケ谷駅のホームにあった、将棋の駒のモニュメントが撤去されたのである。それは一九八〇（昭和五五）年に、将棋会館のＰＲのために日本将棋連盟により寄贈されたモニュメントである。

千駄ケ谷駅のホームの真ん中に置かれた「王将」のモニュメント。現在は工事のため一時撤去中だが、2020年のオリンピックの頃に戻る予定。

直径五〇センチメートルにも及ぶ巨大な王将の駒と将棋盤が水飲み場と一体になっていた。千駄ケ谷駅の顔だったモニュメントが、なぜ撤去されてしまったのか。

じつはモニュメントの撤去は一時的なこと。新国立競技場の最寄り駅の一つになる千駄ケ谷駅は、二〇二〇年の東京オリンピックに向けて、混雑緩和のための改良工事を行なっている。この工事にともない、モニュメントが撤去されたというわけだ。モニュメントは、工事が終わり次第、つまりオリンピック開催前にもとの場所に戻すことになっている。

将棋界の聖地である千駄ケ谷にとって、将棋の駒のモニュメントはやはり欠かせないものだろう。

ミュージシャンの卵が集うようになった高円寺　そのきっかけとは？

中央線 JC 07 JB 06

高円寺
こうえんじ
Kōenji

ギターを担いだ若者や音楽好きの青年を多く見かける高円寺は、昔からミュージシャンの集う街だったというイメージがあるだろう。

実際、高円寺は音楽が盛んな街だ。中古レコード店の数と質はほかの街の群を抜いており、ジャズ、ハードロックなど様々なジャンルの専門店も多い。CDが登場する以前のレトロなレコード盤を置いている店も多く、ほかの店やネットでも手に入らないようなレア盤が見つかることも珍しくない。さらに一〇〇人程度が収容できるライブハウスだけで八軒ほどあり、規模の小さい音楽バーなども含めればその倍以上もある。毎日どこかのライブハウスでミュージシャンが演奏しており音楽が響く街でもある。

洋楽のロック喫茶がきっかけ

このように音楽が身近にあるため、ミュージシャンを夢見る若者が必然的にここに吸い寄せられるようにして集まるのも当然といえる。

では、いつから音楽の街になったのか。

高円寺と音楽が結びついた理由は、一九六八（昭和四三）年にオープンしたロック喫茶「ムービン」がきっかけだったという。この店ではイギリスやアメリカの洋楽をかけていた。当時、洋楽の輸入盤は高価で若者が気軽に購入できなかったため、この店へ行けば洋楽が聞けるという噂が広まり、音楽好きの若者が集まるようになった。やがてその場で知り合った客同士が音楽の話で盛り上がり、セッションも行なわれるようになり、それがライブハウスの先駆けとなる。

やがてライブハウスやレコード店が軒を連ねるようになり、それらのライブハウスから吉田拓郎、南こうせつ、井上陽水などが出て当時のフォークソングブームの立役者となっていった。とくに吉田拓郎が『高円寺』という歌を出したため、全国の音楽ファンやフォークシンガーが集まる街として注目されるようになったのである。

この高円寺＝音楽という印象は八〇年代になっても受け継がれた。世界的にハードロック、メタル、パンクなどが流行したバンドブームの時代に、多くの若者が高円寺になだれこみ、音楽の街はさらにそのイメージを強めていった。

こうして常に新しい音楽を発信し続けてきた高円寺は、いつしか音楽を目指す若者たちが一度は通る登竜門として、またはミュージシャンの聖地になったのである。

中央線

JB
13

信濃町
しなのまち
Sinanomachi

大都会の真ん中に広大なスポーツエリアがある理由

中央線の千駄ケ谷駅から信濃町駅にかけて広がる明治神宮外苑は、スポーツ施設がたくさんあるエリアである。二〇二〇年の東京オリンピックに向けて建て替え中の新国立競技場をはじめ、ヤクルトスワローズの本拠地であり、かつ六大学野球が行なわれる球場として知られる神宮球場、日本のラグビー界の最高峰である秩父宮記念ラグビー場、さらに東京体育館、明治神宮外苑テニスクラブなどが揃っている。

高層ビルが立ち並ぶ都心のど真ん中に、これほどまでにスポーツ施設が揃っているのは不思議である。

理由は神宮外苑が、かつて広大な軍用地えあり、その敷地をまるごと使ったからである。もともと一帯は篠山《ささやま》藩青山家の屋敷地であったが、一八八六（明治一九）年に日比谷練兵場に代わる新しい場所として、近衛師団、第一師団に所属する部隊の練兵場がここに設置された。それが神宮外苑の場所にあった青山練兵場である。

やがて日本と清国（現・中国）の間で緊張感が高まり、日清戦争の開戦が間もない状況

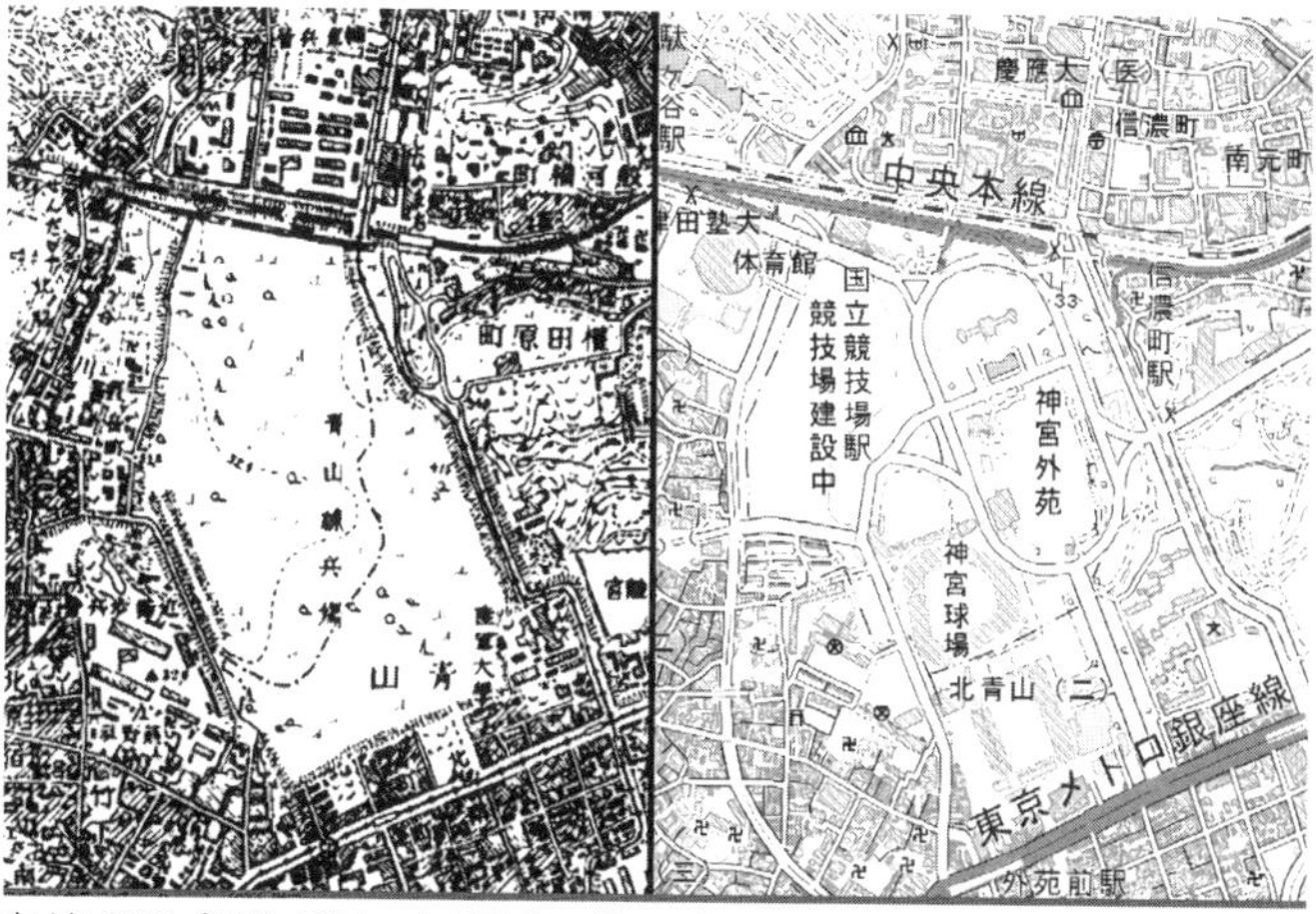

左が1909（明治42）年、右が現代の地図。青山練兵場が神宮外苑になったことがわかる。（時系列地形図閲覧サイト「今昔マップ on the web」（(C)谷謙二）により作成）

になると、軍隊は急速に拡大され、青山練兵場は全国兵士の集散拠点のような状況になった。日清戦争や日露戦争の観兵式もここで行なわれている。

その後、日清戦争、日露戦争が終結し、さらに明治天皇が崩御すると、明治天皇と昭憲皇太后のご聖徳を永く後世に伝えるため、明治神宮とそれに合わせた外苑の造営が計画された。外苑は明治神宮の隣、青山練兵場の位置である。そして一九二六（大正一五）年に青山練兵場が廃止となり、用地が転用されて明治神宮外苑が完成した。造営時のコンセプトは、青山練兵場の伝統を継いで「国民の鍛練の場」とされたため、スポーツ施設が立ち並ぶ場所になったのである。

練兵場内には中央線が走る

　この青山練兵場があった当時、中央線から引き込み線が伸びていた。中央線の前身である甲武鉄道は、一八九三（明治二六）年、飯田町～新宿間を結ぶ市街線の免許を取得するが、このとき、軍部より用地取得に協力する代わりに引き込み線の敷設を求められた。日清戦争直前であった当時、大量の兵士を輸送するための鉄道が必要になり、甲武鉄道に白羽の矢が立ったというわけだ。

　甲武鉄道は、青山練兵場への軍用線約六・四キロメートルの敷設と、軍用駅の建設を請け負った。ただし工期はわずか一か月半という厳しい条件があった。甲武鉄道は、この要求に対し突貫工事を行なって対応し、見事、要求された工期内に工事を終え、新宿駅から千駄ケ谷駅を経由して青山練兵場までの引き込み線と練兵場内の軍用駅の設置を完了させたのである。同年に火蓋を切った日清戦争では、甲武鉄道で青山練兵場から新宿駅へ出た兵士たちが、渋谷駅経由で品川駅へ出て、東海道線で戦地へと向かっていった。甲武鉄道が建設した引き込み線は日清戦争の終結とともに廃止された。

　いまやスポーツ施設が並ぶエリアとなっているが、軍用線が走る練兵場跡地だったとは、意外な街の歴史である。

第五章

レトロな面影を残す鉄道遺産を行く

神田～御茶ノ水間には東京を代表するターミナル駅が存在した！

中央線　万世橋
※廃駅

　御茶ノ水駅と神田駅の間には、旧万世橋《まんせいばし》駅がある。赤レンガを残す鉄道遺産でありながら「マーチエキュート神田万世橋」という商業施設になっており、都心の隠れ家的スポットとして人気を博している。施設内はカフェ、インテリア、ファッション、ギャラリーなどいまどきのおしゃれな店が並ぶ一方で、明治期のタイルやコンクリート、赤レンガなどが残り、レトロモダンな雰囲気が漂っている。

　この万世橋駅が、かつて中央線を代表するターミナル駅だったことを知る人は少ない。万世橋駅は、千代田区の一角にある都心の一等地。かつては一日あたり約二万人が乗り降りしていた東京の玄関口だったのだ。

　しかし、その万世橋駅はわずか三〇年余りで廃駅になってしまう。

　万世橋駅は一九一二（明治四五）年に開業した。当時は西側に紅梅《こうばい》高架橋を利用した昌《しょう》平橋《へいばし》仮駅があったが、万世橋駅へ線路を伸ばしたことによって役目を終えて廃止され、万世橋駅が中央線の始発駅となった。

神田川から見た万世橋駅跡。廃駅跡だが、飲食店や雑貨店などが入るマーチエキュート神田万世橋として有効活用されている。

万世橋駅を設計したのは、東京駅の設計で知られる辰野金吾《たつのきんご》である。その駅舎は石造りの躯体に赤レンガがあしらわれたネオ・ルネサンス様式で、食堂や婦人待合室などを備えた建物だった。駅前広場には、日露戦争で活躍した広瀬武夫中佐と杉野孫七兵曹長の像が建てられ、都心の名所として多くの人で賑わっていた。

中央線のほかにも東京市電も乗り入れており、神田の市街地も近いことから、一時は東京都内で上野駅、新橋駅、新宿駅に次ぐ四番目の乗降客を誇った。駅前広場はいつも多くの人々で賑わった活気あふれる駅だった。

ところが一九一九（大正八）年、中央線が神田駅、そして東京駅まで延伸すると、万世橋駅はターミナル駅としての地位を保てなくなる。起点駅でなくなったことで往時の勢いは失われつつあった。

関東大震災で駅舎が焼失した際には、もはや重要視されていなかったのか、二代目の駅舎の再建はほかの駅に比べても簡素なつくりでしか再建されなかった。

さらに一九二五（大正一四）年に東北本線（現・山手線）の神田〜秋葉原間が開通したことも痛手になった。市電への乗り換え客の多くを神田駅にとられてしまったのである。その後も追い打ちをかけるかのように、一九三二（昭和七）年に総武線の御茶ノ水〜両国間が開通すると利用客はさらに激減し、駅の機能はさらに縮小していった。

そして両隣の神田駅、御茶ノ水駅、さらには総武線の秋葉原駅と近いこともあり、ついに一九四三（昭和一八）年に廃止された。万世橋駅は、乗り換えが便利な駅に囲まれてしまったため、廃止されたのである。

営業はしなくなった万世橋駅は、順次解体され駅舎としての外観はないが、戦火から逃れた駅舎背面の高架橋部分は、赤レンガの外観や丸いエンブレムの装飾がそのまま当時の面影を伝えており、そのまま商業施設の装飾になっている。

こうしてかつて多くの乗客で賑わった駅は現在、代わりに多くの買い物客などが行き交う場所として親しまれている。

ホテルエドモント裏にある謎の線路の正体とは?

中央線 JB 16
飯田橋
いいだばし
Iidabashi

飯田橋駅の東口から水道橋駅へ向かって歩くと、途中で広々とした敷地に企業のビルやホテル、複合商業施設などが建ち並んだ一角に出る。二〇〇三（平成一五）年に誕生した「アイガーデンエア」だ。

そのアイガーデンエア内にあるホテルメトロポリタンエドモントの裏手から、商業施設であるアイガーデンテラスへと続く歩道には、なぜか鉄道のレールが敷かれている。もちろん歩道なので電車は走っていないが、直線で五〇メートルほどの長さで続いている。

この場所にかつて中央線の前身である甲武鉄道の車両が乗り入れていた名残である。

旅客駅・貨物駅の役割を終えた飯田町駅

アイガーデンエアがある一帯は、甲武鉄道の飯田町《いいだまち》駅があった。一八九四（明治二七）年に新宿～牛込《うしごめ》間が開通し、その翌年にさらに東へ延伸して開設した駅だ。敷地は軍用地（砲兵工廠《こうしょう》附属生徒舎跡など）を借用した。

飯田町駅は甲武鉄道の本社や機関車・客車庫なども備え、旅客と貨物のターミナルとしての機能をもつ駅だった。現在のホテルメトロポリタンエドモントの位置に駅構内があり、改札口のあった小石川側には、入母屋づくりの屋根をもつ駅舎があった。また旅客だけでなく、軍需物資を主とする原材料の流通センターとしての役割を果たしていた。一九〇四（明治三七）年に御茶ノ水駅まで延伸したあとも、長距離列車についてはメインのターミナルとして使われ、甲武鉄道における重要な駅の一つだった。

ところが、一九二八（昭和三）年一一月には、飯田町駅と牛込駅を統合して、両駅の間に飯田橋駅が開業（一三六ページ参照）すると、飯田町駅は旅客が利用しない貨物駅となった。飯田町駅が旅客駅として営業していたのはわずか二四年間だったわけだ。

人の乗り降りはなくなってしまったが、貨物駅となった飯田町駅は、東京都心の新聞社や印刷会社で使われる紙の輸送拠点として存在感を示し、一九七二（昭和四七）年には飯田町紙流通センターも開業した。しかし、印刷業者の郊外移転が進んだことや貨物列車のコンテナ化に対応できない設備だったことなどから徐々に貨物列車の扱いが減っていき、結局、一九九九（平成一一）年三月に廃止された。

飯田町駅の跡地は再開発されてアイガーデンエアとなり、JR貨物の本社ビル（二〇一一年に千駄ヶ谷へ移転）や、JR東日本のホテルエドモント（現・メトロポリタンエドモ

アイガーデンエアのなかには、ここが旧飯田町駅の構内だった記憶を後世に残すため、約200mにわたって線路が埋め込まれている。

ント）などの高層ビルが立ち並ぶ場所へと変貌した。さらに、二〇〇三（平成一五）年には、敷地の中心に複合商業ビル・アイガーデンテラスが完成した。

再開発によって飯田町駅の貨物設備は取り壊されたが、甲武鉄道の起点駅であったことを記念して歩道にレールが敷かれた。飯田町駅があり、列車が乗り入れていたことをいまに伝える名残の一つである。

なお、ほかにも日本橋川に架かる新三崎橋のたもとには、飯田町土地区画事業竣工記念碑があり、その背後の植え込みに貨車の車輪が二つ置かれている。さらに、飯田橋駅から目白通りを九段下方向へ歩いて行くと、左側歩道に「甲武鉄道飯田町駅」の碑が立っている。

飯田橋駅が移転するのは、かつての前身、牛込駅の跡地

中央線
JB 16
飯田橋
いいだばし
Iidabashi

中央線の各駅停車が停まる飯田橋駅は、二〇一四（平成二六）年から改修工事が行なわれており、現在は西口が仮駅舎で営業している。この工事によって、飯田橋駅のホームが現在の場所から二〇〇メートルほど新宿駅寄りに移設され、西口駅舎もバリアフリー設備を備えた新駅舎となって生まれかわる。一〇〇〇平方メートルの駅前広場もできる予定で、飯田橋駅前の様子は一変することになる。総事業費は一〇〇億円であり、二〇二〇年の東京オリンピックまでの完成を目指している。

この改修工事の目的は、飯田橋駅のホームと車両の間にある隙間を解消することだ。駅の利用者ならよくわかることだが、飯田橋駅ではホームと車両の間に驚くほど広い隙間がある。その幅は一番広い箇所で三三センチメートル。大人でもうっかりすれば線路に転落してしまう。実際、年間一〇件ほどの転落事故が起きている。ＪＲ東日本も、この隙間への転落と列車への接触事故を防ぐため、注意を促す放送を行なったり、ホームの下に回転ランプとブザーを置いて警告したりといった方策を講じているが、それでも酔客などの転

外濠公園の飯田橋駅側の入り口にある石積みは、旧牛込駅の一部。駅舎は右側の飲食店のあたりにあった。

落が跡を絶たないのが現状だ。

ホームと列車との間に、これほど広い隙間が開いているのには理由がある。それは、飯田橋駅が半径三〇〇メートルの急カーブ上に位置しているからだ。飯田橋駅が開設された一九二八（昭和三）年当時は、まだ車両編成が短く、ホームも短くて事足りたため、ホームは直線上に置かれていた。ところが、輸送需要の増加によって車両編成が長くなり、これに対応するためにホームを水道橋駅方面へと伸ばしたところ、急カーブの途中にあるホームになってしまったというわけである。

牛込駅跡に新駅舎が移転

二〇〇メートル移設される新しい飯田橋

駅、じつはかつて別の駅が存在していた場所である。それは牛込駅という名前の駅だった。牛込駅は一八九四（明治二七）年、中央線の前身である甲武鉄道開業とともに開設された。牛込橋から見て新宿寄りの位置に相対式ホームを備えていた。駅舎は現在の外濠公園の端の位置にあった。

だがこの牛込駅は一九二八（昭和三）年、中央線の御茶ノ水〜中野間の複々線化に際し、廃止となる。何しろ台地と外濠に挟まれた細い空間に位置していたため、新しい線路を増設するには幅が狭すぎたのだ。駅は隣にあった飯田町駅（一三三ページ参照）と統合されて廃止され、同時にこの二つの駅の間に現在の飯田橋駅が誕生したのである。このとき、牛込駅を使っていた利用客のために、西口駅舎がつくられた。

その後、牛込駅のホーム跡地は、千葉方面から来た総武線の車両が折り返すための引き上げ線となっていた。しかしやがて引き上げ線は撤去され、長らく空き地のままとなっていた。

今回、移設される新・飯田橋駅は、この空き地を利用して建設される。かつての牛込駅の名残は、外濠公園の入り口にある石積が唯一でホーム跡などは残っていないが、九〇年以上の時を経て、新たな駅のホームが同じ場所に再び設置されることになるとは奇妙な先祖返りである。

日野駅の周りには意外な鉄道遺産がいっぱい！

中央線　JC 20
日野
ひの
Hino

中央線は立川駅から日野駅の間で多摩川を越える。このとき列車が通るのが多摩川橋梁である。乗車しているだけではわかりにくいが、この橋梁は明治期につくられた、いわゆる〝鉄道遺産〟である。上り線の橋梁の橋脚、橋台などがこれに相当する。

たとえば、開業当初からの橋桁を使っている上り線は全一八本ある橋脚のうち、七本がレンガと石材でつくられている。一方、一九三七（昭和一二）年の複線化の際に架設された下り線の橋脚を見てみると、こちらは鉄筋コンクリート製。さらに橋台も、上り線では全部がレンガ積みになっており、下り線よりも明らかに古い年代の構造物だ。

上り線の橋脚や橋台に使われているこのレンガ、明治期に製造された歴史の重みが詰まったものである。

レンガをつくったのは、日野煉瓦《ひのれんが》製造所という地元の会社。地元の実業家である土淵《つちぶち》英《はなぶさ》が一八八八（明治二一）年に創業した製造所で、その場所はいまの日野警察署の向かい側付近だったという。レンガの製造はこの日野でも行なわれていたのだ。

一世紀以上残る日野煉瓦製造所製のレンガ

当時、レンガは橋や建物の土台にするために必須の建築資材だった。中央線の前身である甲武鉄道の敷設に際しても、多摩川橋梁などの建材として、レンガが用いられた。

レンガは重量があるうえに橋梁の建造となれば大量に必要になる。そのため、レンガの調達はできるだけ建設現場に近いほうがよい。そこで甲武鉄道へレンガを供給するため、日野の土淵氏が日野煉瓦製造所を創業したというわけだ。土淵はレンガの供給だけでなく、日野駅の誘致運動も行なっている。

日野煉瓦製造所は、約五〇〇万個のレンガを製造した。そのうちの二〇〇万個は多摩川橋梁に使用されたといわれている。そのほかのレンガも、中央線の立川〜八王子間にある橋梁などの資材として使用された。

しかし、本格的な操業を開始してからわずか二年半後の一八九〇(明治二三)年、日野煉瓦製造所は突然に廃業する。理由は、多摩川橋梁が無事に完成したからではなく、創業者の土淵氏が急死したためだった。この二年半という短い間に製造されたレンガがいまも多摩川橋梁には残っているのである。

中央線沿線に残る日野煉瓦構造物

中央線の立川〜日野間には、明治期に日野煉瓦製造所でつくられたレンガが、いまも現役の構造物として残っており、身近な鉄道遺産として親しまれている。(Map Data:©OpenStreetMap)

神社の土台にも日野煉瓦

日野駅や立川駅の周辺を歩くと、多摩川橋梁以外でも、日野煉瓦製造所製のレンガ（以下、日野煉瓦）を見ることができる。

多摩川橋梁の東側、中央線が掘割に入る手前の場所に日野煉瓦が使われている。かつてここを流れていた根川《ねがわ》に架かっていた橋の名残である。

一方、多摩川橋梁の西側から日野駅にかけては、日野煉瓦の宝庫だ。中央線が日野用水（戦国時代に開削された用水路）の上堰《かみぜき》および下堰《しもぜき》を渡る箇所にも日野煉瓦が残っている。小さな用水路なので見落としがちだが、立派な鉄道遺産である。

さらに特筆すべきは、日野駅のホームのすぐ近くに鎮座する神社だ。それはホームの東側、八王子寄りの位置から見える神社・飯綱権現社《いづなごんげんしゃ》のお堂の土台。もとは丘の上にあったが、甲武鉄道が開業したときに現在の場所に移設された。このとき、その基礎の土台に日野煉瓦が使用されたのである。現在もお堂の土台を見れば、赤茶色の日野煉瓦が積まれていることがわかる。

このように、ごく限られた期間しか製造されなかった日野煉瓦だったが、沿線のさまざまな構造物に使われ、その姿をいまに残している。

五日市線の終点は武蔵五日市駅ではなかったってホント？

五日市線

拝島駅から武蔵五日市駅までの一一・一キロメートルの路線が五日市線である。武蔵五日市駅からは、秋川《あきがわ》渓谷や東京都檜原《ひのはら》都民の森へのバスが出ており、休日ともなると多くの行楽客が訪れる。また、五日市線は青梅線への直通電車があるため、東京方面へ向かう足としても便利だ。

現在では、武蔵五日市駅が終点だが、かつての五日市線はもっと奥まで延びていた。

五日市線の開業は古く、一九二五（大正一四）年である。当時は私鉄の五日市鉄道として開業した。この頃は武蔵五日市駅が終点ではなく、その手前で北側へ分岐し、大久野《おおぐの》駅を経由して武蔵岩井《むさしいわい》駅へ至る路線だった。つまり、現在よりも三キロメートルほど長かったのである。武蔵五日市駅から武蔵岩井駅までは支線となるため、武蔵五日市駅に到着した列車は、一度拝島方面へとスイッチバックしてから、武蔵岩井駅へと向かう支線へと入った。

この頃の五日市線は、現在のルートがメインではなく、武蔵五日市駅から武蔵岩井駅までの支線のほうが事業の主力だった。この支線は、浅野セメント（現・太平洋セメント）の大久野村勝峰山《かつぼやま》から採取した石灰資材の運搬を目的とする路線である。

五日市線はその敷設に際し、浅野セメントから資金が提供された経緯がある。

たとえば、一九二七（昭和二）年の五日市鉄道の株式内訳では、全四万株のうち、半数以上の二万八六〇株が浅野セメント関係者の保有だった。また、同年の鉄道車両の内訳を見ても、二八両のうち一九両が貨車、三両が機関車で、客車はわずか六両だったという。石灰資材運搬が目的だったため、支線はあえて集落地域を避け、直線になるべく近い線形で、あまり人家のない場所に敷設して輸送スピードを高めた。

トラック輸送により廃止へ

ところが、一九七一（昭和四六）年の国鉄経営合理化により、五日市線の支線は、日本セメント（一九四七年に浅野セメントから改称）の工場内に入る資材輸送線となり、旅客運輸は廃止となった。その後、モータリゼーションでトラック輸送が盛んになると、資材輸送線としての役目も終わり、一九八二（昭和五七）年に廃線となった。

いまでは駅舎や踏切の跡もなく、かつての線路跡のほとんどは道路に変わった。しかし唯一の名残がその道路を走っている。武蔵五日市駅と日の出町の奥にある町営「つるつる

五日市線岩井支線ルート

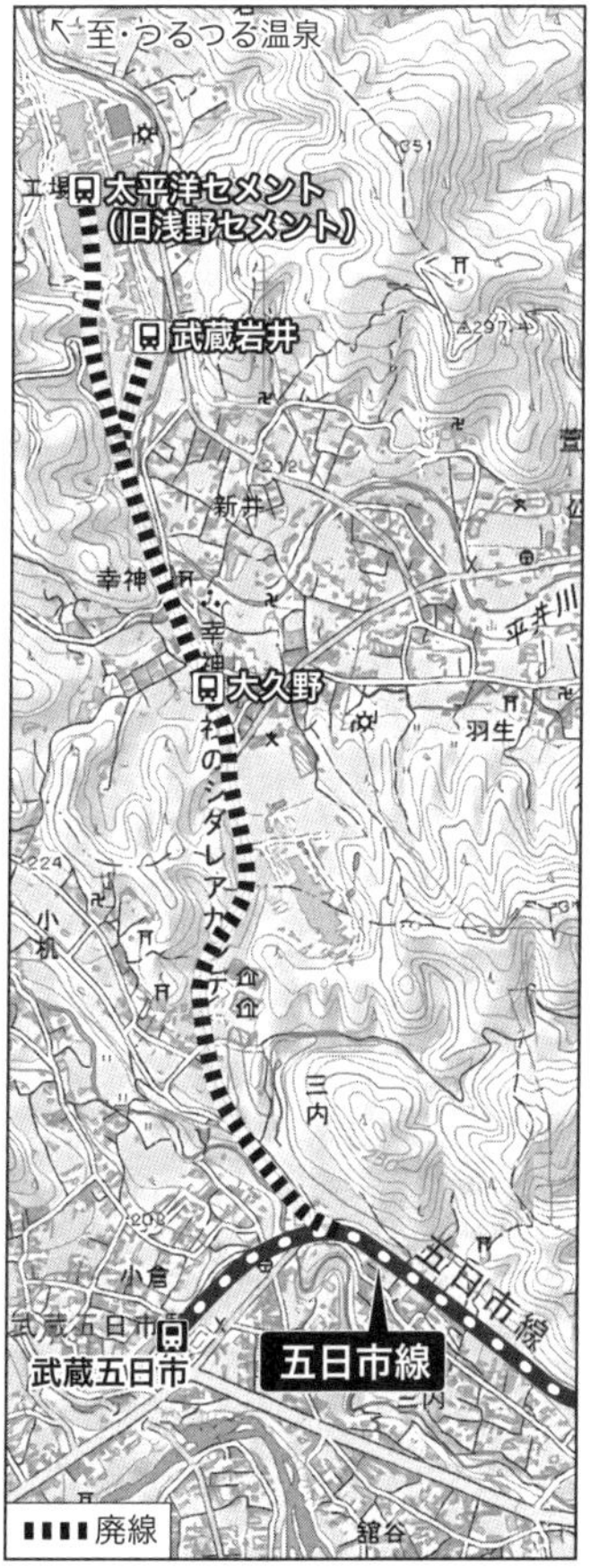

五日市線にはかつて、武蔵五日市駅の東側から北側へ分岐する岩井支線があったが、セメント輸送がトラックに切り替わり廃線となった。（国土地理院地形図を加工）

武蔵五日市駅とつるつる温泉を結ぶ市営バス「青春号」。日本で唯一のトレーラーバスとして日々温泉客を運んでいる。

温泉」を結ぶ青春号と名付けられたシャトルバスは、五日市線の廃線跡を走ることから機関車の形をしているのだ。牽引車と客車や貨車から成る機関車と同じく、牽引するトラクターの後ろにはトレーラーがついており、機関車の外観が再現されている。廃線跡を走る機関車バスとは、鉄道ファンにとってはうれしい仕掛けである。

青梅線 JC 57

福生
ふっさ
Fussa

砂利を運んだ専用線のその後……

立川駅で青梅線に乗り、拝島駅を経由したあと、牛浜駅を越えると福生駅へ至る。米軍横田基地が近く、多くの外国人が歩く国際的な街になっているが、駅の西側へ行くと多摩の原風景が残っている。

福生駅から多摩川の河原へと向かうと、サイクリストが多いエリアがある。大田区から羽村市まで多摩川河川敷を自転車で走る、多摩川サイクリングロード（通称、多摩サイ）。二〇〇八（平成二〇）年からは「たまリバー五〇キロ」という正式名称がつけられている。サイクリングロードと銘打ってはいるが、休日ともなるとランナーや散歩を楽しむ人が多く、都民の憩いの道になっている。

ここにかつて鉄道が走っていた。その区間は多摩川緑地福生かに坂公園から駅から福生市営競技場の部分である。緩いカーブを描いていることが、わずかに線路だった面影を残している。そのカーブが東側に続いた先を見ると、福生駅までほぼ直線で線路跡の道路が通る。

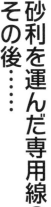

かつて多摩川の砂利は建設資材として重用されていた

河原に伸びていたのは、砂利を運ぶための専用線である。砂利は貴重な建設資材。多摩川で採取した砂利を青梅線へ運ぶための鉄道だった。

とくに一九二三（大正一二）年の関東大震災以後、復興には頑丈なコンクリート製の建物が望まれた。コンクリートは、セメントと砂、砂利を混ぜてつくり出す。その割合はセメントよりも砂利のほうが多く必要とされていた。そのため一度に大量に運べる鉄道輸送が用いられたのである。とくに多摩川は東京都心に近く、運搬費用が少なくてすむうえ、砂利も大きく良質だった。

福生駅の西側にある加美上水橋。福生河原支線が走る鉄道専用の橋だったが、現在は歩行者が通る橋になっている。（写真提供：福生市）

そこで、青梅線の前身である青梅鉄道は、一九二七（昭和二）年、福生駅から河原にあった砂利の詰め込み所（現・福生市営競技場）まで続く、一・八キロメートルの「福生河原支線」を敷設したのである。その線路は、現在の福生駅の西口から約三〇〇メートル青梅寄りの位置で青梅線と分岐し、そのままほぼ真西へ向けて直線で走った。

中央・青梅線沿線の砂利線跡

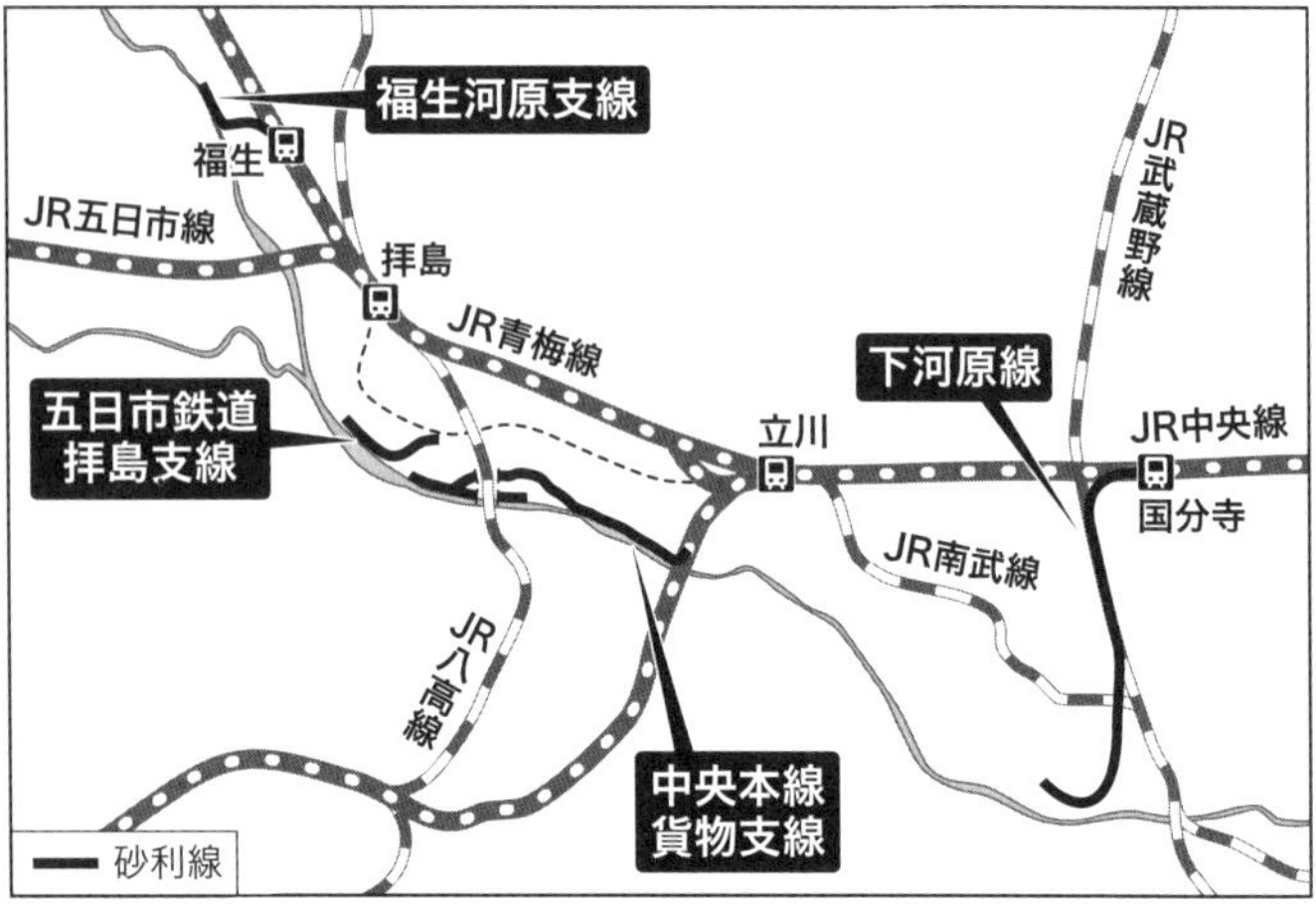

関東大震災の復興のため、多摩川の砂利採取が行なわれていたが、戦後に規制が厳しくなって禁止され、砂利運搬の専用線も次々と廃線となった。

そして玉川上水を加美上水《かみじょうすい》橋でまたぎ、河原をカーブしながら進んでいた。当時は砂利を積んだ五両ほどの列車が、一日に二度ほど通るのどかな路線で、運行時間帯以外は人々が線路の上を歩いていたという。

その後も東京へ砂利を供給し続けていた福生河原支線だったが、一九五〇年代から砂利採取による河床面低下が深刻化し始め、砂利採取の規制が強化された折に、路線は一九五九（昭和三四）年に廃止を迎える。そして一九六二（昭和三七）年には線路跡地は福生市に売却。普通の道路やサイクリングロードに転用されて現在に至る。

中央線にもあった砂利線跡

この福生河原支線以外にも、中央線沿線

下河原線跡につくられた下河原緑道。ところどころに線路が埋め込まれ、廃線跡であることがわかるようになっている。

には砂利線跡が残っている。ＪＲ武蔵野線と京王線が交差する場所あたりから南へ伸びる下《しも》河《が》原《わら》緑道は、かつて国分寺駅から分岐していた砂利線「下河原線」の跡である。一九一〇（明治四三）年に東京砂利鉄道が敷設し、その一〇年後に鉄道省が買収して中央線の支線となった。この路線から運ばれた砂利は、山手線の東京〜上野間の高架橋のコンクリートに使われた。のちに東京競馬場までのアクセス路線も敷設されたが、一九七六（昭和五一）年に武蔵野線へ役目を譲る形で廃止となった。

福生河原支線や下河原線のほかにも、五日市鉄道や多摩川貨物線などもあった。中央線や青梅線は、砂利を運ぶ一大運輸路線だったのである。

青梅線の南を走る五鉄通りは、廃線跡を利用している！

中央線
青梅線
JC 19

立川
たちかわ
Tachikawa

青梅線
JC 55

拝島
はいじま
Haijima

青梅線や五日市線などが乗り入れる拝島駅から、南へ一五分ほど歩くと「五鉄《ごてつ》通り」という道に突き当たる。この道は、そのまま東に伸びて立川方面へと続く。五鉄とは変わった名前の道だが、じつは五日市線の前身である五日市鉄道が走っていた跡だ。武蔵岩井駅への支線（一四三ページ参照）と合わせると、五日市線は両端に廃線区間があることになる。

現在、五鉄通りとなっている旧五日市鉄道の区間は、立川駅から拝島駅を結ぶ路線だった。五日市町（現・あきる野市）で採掘された石灰を、立川駅で直接、南武鉄道（ＪＲ南武線）を経由して京浜工業地帯へ運ぶため、五日市鉄道の親会社である浅野セメントが一九三〇（昭和五）年に敷設した。

この区間にあった駅は、両端の拝島駅と立川駅を除いて、南拝島、武蔵田中《たなか》、大神《おおがみ》、宮澤《みやざわ》、南中神、武蔵福島、郷地《ごうち》、武蔵上ノ原《うえのはら》の八駅。その路線は、青梅線よりやや南を迂回する形で、小規模な町村を結ぶようにして走り、西は拝島、東は立川で再び青梅線と合流していた。武蔵田中駅からは、多摩川の河川敷へ向かう砂利線もつくられている（一四八

五鉄の立川〜拝島間

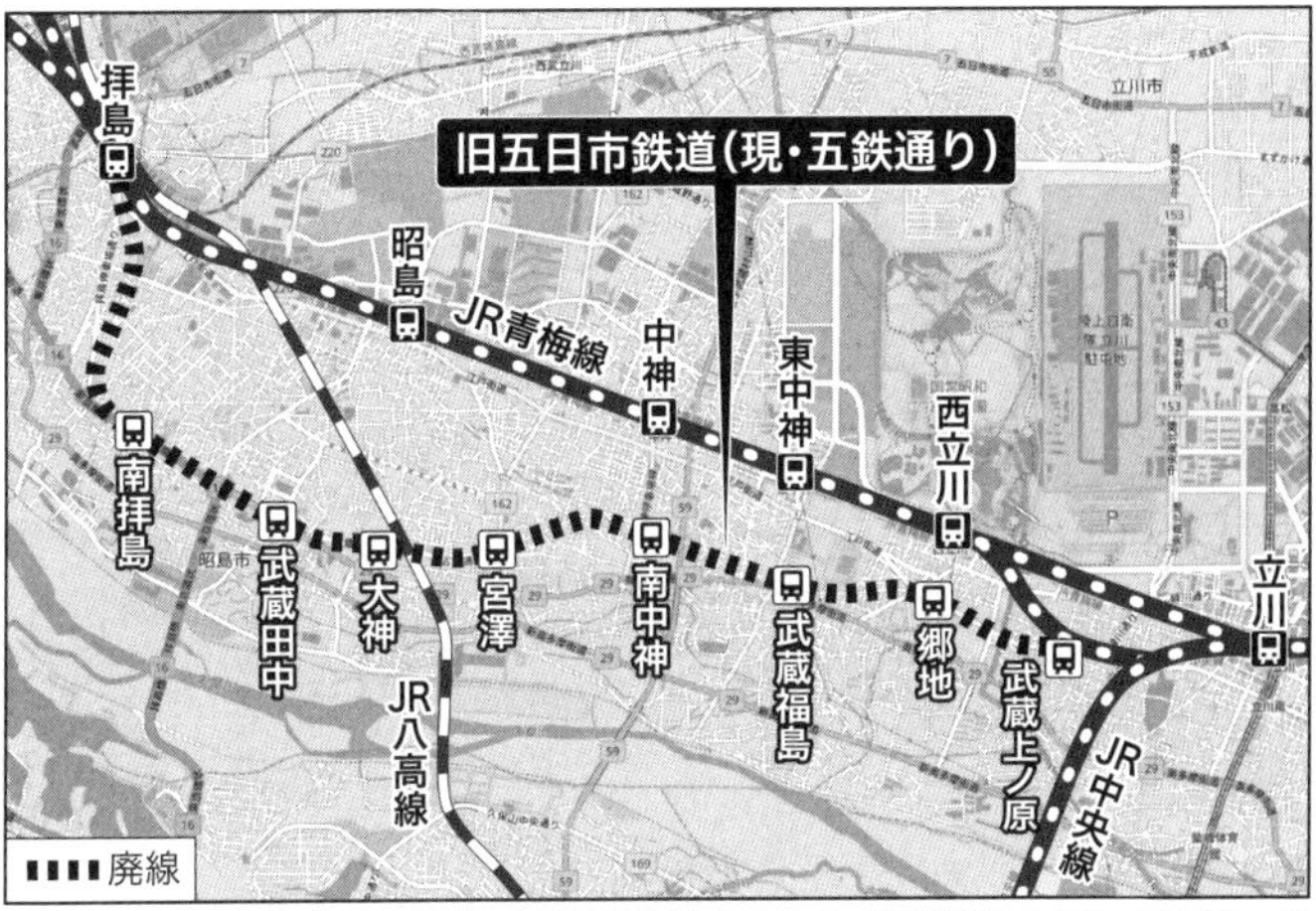

かつては五日市鉄道が自社線で石灰を輸送するため、青梅線と並行して立川〜拝島間を敷設した。(Map Data:©OpenStreetMap)

ページの図参照)。

その後一九四〇(昭和一五)年、浅野セメントは、五日市鉄道を丸ごと南武鉄道(現・JR南武線)に合併する。だが間もなく戦時買収の対象とされ、南武鉄道は青梅電気鉄道(現・JR青梅線)とともに国有化されてしまう。

鉄道省は、青梅電気鉄道を軍事輸送や石灰石輸送に使用する路線として重視し、複線化の計画を進めた。そのため、並行していた旧南武鉄道の立川〜拝島間が一九四四(昭和一九)年に休止(戦後に廃止)となり、線路その他の鉄道設備がほとんど撤去された。

なお、立川〜武蔵上ノ原間跡だけは、撤去されなかった。西立川駅へ入線する青梅線の線路につなげられて中央線と青梅線の連絡線として使われるようになり、いまも中央線から青梅線へ直通する青梅特快やホリデー快速が走っている。

五鉄の廃線跡をたどる

立川〜拝島間の廃線跡のほとんどは戦後、道路や民家に転用されたが、地元の昭島市はこの線路跡を歴史遺産と位置づけ、一九八七（昭和六二）年に国鉄が民営化された際、これらの土地を購入した。そして廃線跡に「五鉄通り」と名付けて、各所に表示板を設置するなどして五日市鉄道の歴史をいまに伝えている。

ただし「五鉄通り」といっても、廃線跡がそのまま一本の道路として残されているわけではない。廃線跡は道路の区画変更や整備、さらには民家となっているところもあり、一部迂回しながらの部分もある。だが、おおむねは「五鉄通り」沿いである。

立川駅を出て、最初の駅であった武蔵上ノ原駅跡は、連絡線の踏切近くにあり、線路脇に駅跡のスペースが残る。産業サポートスクエア交差点脇の路地を西へ入り、昭和公園の南側を大きくカーブすると、五日市鉄道の廃線跡の説明板と、「五鉄通り」の表示がある。

その後、五鉄通りを西へ直進し、武蔵福島駅跡、南中神駅跡、宮澤駅跡を通り過ぎるが、どれも駅の痕跡はないが、その先の大神駅跡付近に着くと、もっとも廃線跡の気分が味わ

五鉄通りにある大神駅跡。信号機や台車、線路の一部がオブジェになっており、かつてここに鉄道があったことを示している。

える。大神駅跡には、ホームを復元した公園がつくられ、貨車の台車を組み合わせたモニュメントが設置されている。

やがて五鉄通りは、武蔵田中駅跡付近で新奥多摩街道と合流する。線路の分岐点を動かす転轍機《てんてつき》やレールを組んだ車止めが置かれているほか、道から分岐して多摩川へ向かう砂利線跡とおぼしき道もある。

新奥多摩街道を進み、南拝島駅跡付近で再び街道と別れて右の道へと入り、拝島駅へと向かう。その部分は線路跡を彷彿《ほうふつ》とさせるような独特の曲線を描いており、線路跡をたどっているような気分にさせてくれる場所だ。この五鉄通り、時代とともに消えた鉄道遺産を感じることができるとして廃線跡ウォーキングが人気である。

日原川のコンクリートアーチはなぜ立入禁止になっている？

青梅線

JC 74

奥多摩
おくたま
Okutama

青梅線の終点である奥多摩駅は、多摩川と日原川《にっぱらがわ》が分かれる場所にある。駅の西側を南北に流れる日原川を渡り、そこから日原街道を北へ向かうと突然、日原川に巨大なコンクリートのアーチ橋が現われる。

大径間のコンクリート橋で、その姿は御茶ノ水の聖橋にも似て迫力がある。しかし、橋の上を見ると雑草が茂り、手付かずであることが見てとれる。橋の両端には、車どころか徒歩の人も出入りできないよう立ち入り禁止の柵があり、渡れないようになっている。

山の中に突如現われる廃墟同然の不思議な橋梁、いったいこれは何なのか。

この大橋梁は、東京都が主導してつくった氷川《ひかわ》（現・奥多摩）～水根《みずね》間を結ぶ小河内《おごうち》線の遺構である。それが取り壊されず、いまもそのまま残されているのである。

この小河内線は、乗客の輸送が目的ではなく、小河内ダム建設の物資輸送のために敷かれた路線である。

昭和初期、人口が急増した東京では水不足が深刻となり、それを解消するため多摩川の

日原川には巨大なコンクリートの橋が架かるが、立入禁止となっている。橋には草が茂り、使われなくなって久しい。

上流に大規模なダムを設けることが計画された。ダムの建築には山奥まで資材を運ばねばならない。当初は氷川駅から資材をトラックで輸送する予定で、自動車専用道路の整備を進め、鉄道計画は未定だった。

ダム建設の大動脈として活躍

それが一転、鉄道をつくることになったのは戦後のことである。ダム建設は太平洋戦争でいったん中止されたが、一九四八（昭和二三）年に工事が再開された。このとき、建設資材の輸送の見直しが行なわれ、自動車専用道路だけでは輸送には不十分ということがわかり、鉄道を敷設することになった。そして二年後に着工し、一九五二（昭和二七）年に奥多摩駅からダムサイト下の水根駅に至る六・七キロメートルの東京都営「小河内線（別名：水根貨物線）」が完成した。

この鉄道は、奥多摩の山々を切り開き、橋梁やトンネルを多く用いて敷設された。ダム建設が終わったあとには観光用へ転用する計画もあり、勾配や曲線を可能な限り緩やかにするようなルートが選ばれている。道路に沿った線路ではなく、橋とトンネルを各二三か所設け、できるだけ直線に近い線形となっている。とくに日原川の深い谷をまたぐ場所では、大きな橋が必要となり、前述のコンクリート製の大橋梁がつくられたのである。

観光鉄道にならなかった奥多摩の鉄道

開通後、非電化の小河内線は蒸気機関車でもって、ダム建築のためのおもな資材となる工事用のセメントをダムサイトまでピストン輸送した。一九五七（昭和三二）年にダムが完成するまで、約一〇〇万トンの資材を建築現場まで次々と運びこんだ。

ダムの完成とともにその役目を終えた小河内線は、観光地化を期待して鉄道設備をそのまま残して西武鉄道に譲渡された。西武鉄道では観光鉄道として利用する道を模索したが実現せず、石灰石採掘などを行なっている奥多摩工業に譲渡した。奥多摩工業はトンネルを利用したキノコ栽培を試みたりしたが長続きせず、小河内線は現在まで休止線となり現

小河内線は休止線となっており、谷間に架けられた橋梁が残されている。しかし風化が進み、とても鉄道が通れるような状態ではない。

現在も残る小河内線のトンネル。使われていないため内部に灯りはない。

在へ至る。手入れもなされていないため、ほぼ廃線状態だ。

だが休止線であるため、橋梁以外にも鉄道設備はいまもそのまま残されている。残念ながら観光鉄道としての活躍はなかったが、青梅街道に沿って歩くと、頭上をまたぐ鉄橋などを見ることができる。

青梅街道沿いの酒屋に駅名標が置かれている謎

青梅線　JC 62
青梅
おうめ
Ōme

青梅駅前のロータリーから真っ直ぐ南下すると、東西を走る青梅街道へ至る。この青梅街道を西へ数百メートルほど進むと右側にリカーショップおかざきという酒屋が現われる。店正面の左側の壁には、不思議なことになぜか駅名標が架けられている。両端の駅名には、奥多摩、東京と書かれており、中央の駅名には店の名前「岡崎」と記されている。これだけ見ると、駅名標をモチーフにした店の看板だが、その下に不思議な石碑も置かれている。そこに彫られている言葉は、「此処《ここ》に駅有りき」。つまり、ここに駅があったという証しだが、まさか青梅駅がここにあったということだろうか。

じつはこの酒屋の前には、かつて青梅線とはまったく別の「中武《ちゅうぶ》馬車鉄道」の駅があった。馬車鉄道とは、文字通り線路の上の客車を馬が引いて運ぶ鉄道。一九〇一（明治三四）年に青梅町森下《もりした》から埼玉県の入間川《いるまがわ》町（現・狭山市）の間に敷設され、総延長一八・四五キロメートルの間に一五の停車場があり、二時間二〇～五〇分で片道を結んだ。

この中武馬車鉄道の起点が、青梅市森下町の酒屋の前だったのである。ここは当時、岡

中武馬車鉄道跡

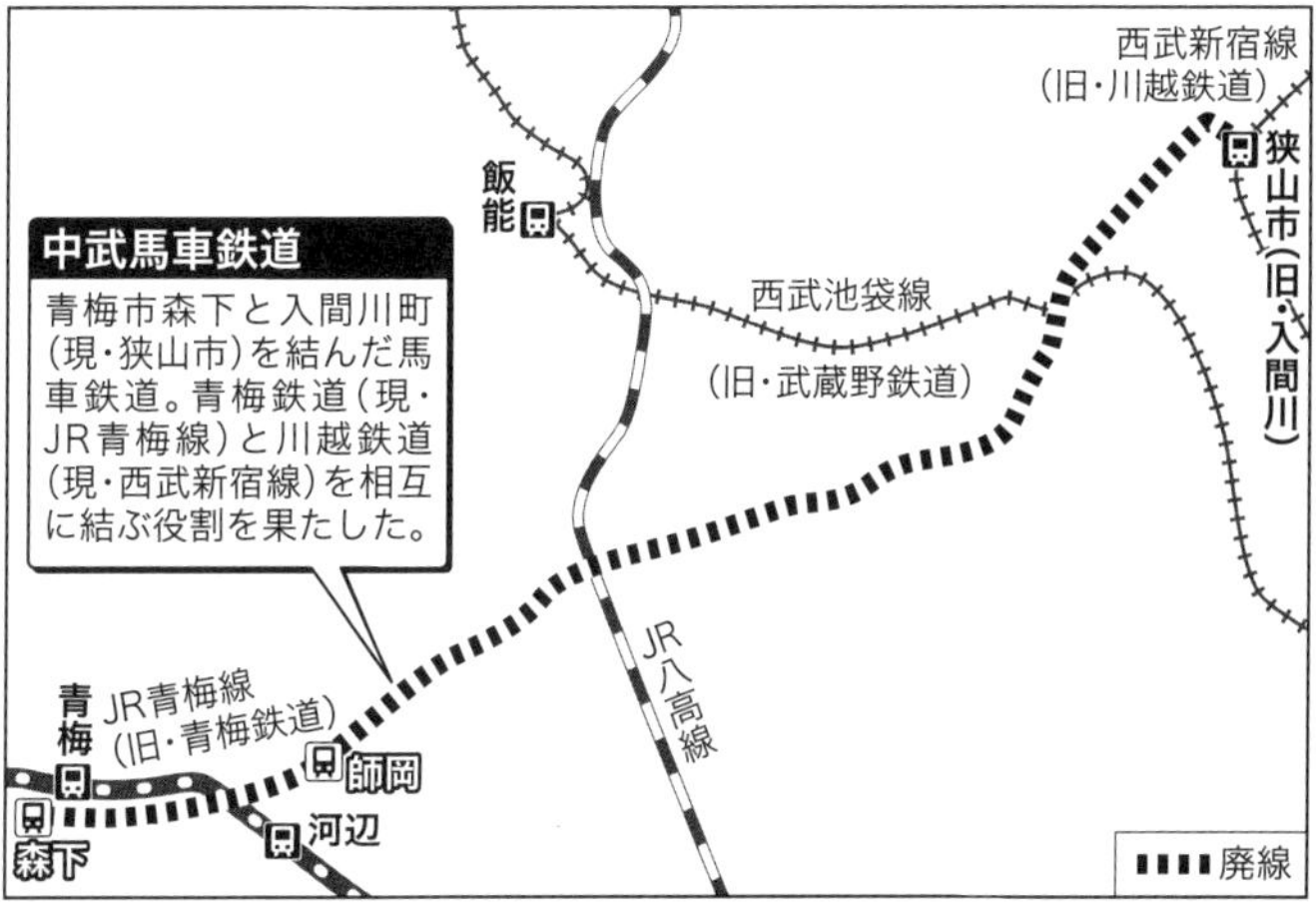

青梅鉄道と川越鉄道の間に広がる鉄道空白地帯に連絡線として1901（明治34）年に中武馬車鉄道が開業していたが、1917（大正6）年に廃止。軌道は道路に転用された。

崎商店前（森下停車場）と呼ばれていた。出発した一二人乗りの馬車鉄道は、青梅街道を東に向かい、師岡《もろおか》の交差点からは町屋街道を進んで金子橋を渡り入間川町へ至る。そして同町と飯能町（現・飯能市）を結んでいた入間馬車鉄道の入間川停車場に乗り入れた。

日露戦争により経営が悪化

中武馬車鉄道は、沿線の地域活性化を望んで地元住民が発起人となって敷設した馬車鉄道である。名産品の綿物の輸送や、御《み》岳山《たけさん》への登山客の利用を見込んで開通したが、初年度から経営は思わしくなかった。

初年度の収入が約三三〇六円、支出が九四七五円で六一六九円の赤字である。創業初年度は赤字でもやむを得ないとしても、翌年も約五九八〇円の赤字だった。

さらに打撃を与えたのが、一九〇四（明治三七）年の日露戦争である。戦争による国内の経済悪化がこの地方にも波及し、綿物の販売経路が失われ、貨物の利用が大幅に落ち込んだのだ。しかも御岳山に登山する人も激減したうえに、動員令により軍人の運賃は無料と命じられたため運賃収入も激減した。さらに馬車鉄道には欠かせない馬を軍馬として次々と徴発されてしまう。

沿線地域の活性化を望んで立ち上げた鉄道だけになんとか存続させようと、余剰の建物や馬を売り払ったり、運行数を減らしたりするなどの経営努力を重ねた。

日露戦争の年は上半期だけでも三九六五円の赤字が出るなどますます苦境に立たされた。一九〇七（明治四〇）年には師岡～森下間の青梅町内の路線を閉鎖。師岡～入間川間だけの運行で挽回を試みるも、一九一五（大正四）年に開通した武蔵野鉄道（現・西武池袋線）に入間川町一帯の客を奪われ、事態は悪化する一方だった。そして二年後、ついに運行を取りやめ、二〇年の歴史を終えたのである。

地域の人々の期待を受けながらも一度も事業が好転せず、二〇年でその歴史を閉じた中武馬車鉄道。酒屋の前にある駅の看板は、苦難に陥りながらもなんとか鉄道を存続させようとした人々の思いと歴史をいまに伝える貴重なモニュメントである。

第六章

知らなかった！驚いた！駅名・地名の謎

駅名は「四ツ谷」で地名は「四谷」いったいどっちが正しい？

中央線 JC 04 JB 14

四ツ谷
よつや
Yotsuya

中央線の四ツ谷駅、その駅名の表記は「四ツ谷」である。しかし、この駅の所在地は新宿区「四谷一丁目」で、四谷と表記されている。また、東京メトロ丸ノ内線の駅名は「四谷三丁目」である。「よつや」と読むにもかかわらず、表記上は「四ツ谷」と「四谷」が混在している。

二つの表記のうち、古い表記は「四ツ谷」である。徳川家康が江戸入りした時点で登場する地名で、その由来は、かつて四か所の谷（千日谷《せんにちだに》、茗荷谷、千駄ケ谷、大上谷《おおかみだに》）があったためという説（『江戸砂子』）と、それとは別に甲州街道の旅人の休憩所となった四軒の茶屋（梅屋、保久屋《ほくや》、茶屋、布屋《ぬのや》）があったためという説（『江府名勝志・御府内備考』）があるが、どちらが正しいのかは定かではない。

ただ「四ツ谷」と、「ツ」がついていたのは、特別珍しいことではなく、明治初期までの一般的な地名表記だったようだ。当時の地名には「ツ」や「ケ」といった漢文の書き下しのような仮名交じりの表記が多く用いられていたのである。

地名だけ表記を四谷に

江戸時代の地名の表記は、仮名を含んだ表記が一般的だった。明治半ばになると、仮名交じりの表記が減っていき、戦後の住居表示制度の施行とともにさらに減少していく。つまり地名から意図的に「ツ」「ケ」が消えていったわけだ。「四ツ谷」も江戸時代までは仮名を含んだ表記だったが、一八七八（明治一一）年に四谷区が成立して早くも仮名が外されている。

地名では、時代とともに仮名が外れる傾向にある一方、明治期に登場した鉄道においては、理由は不明ながら最初から仮名入りの表記を使うことが多かった。それが現代まで続いてきたケースが多いようだ。

住所表記が明治から昭和にかけて仮名抜きへと変わったのに対し、鉄道の表記が変わらなかったのは、仮名入りの駅名のほうが読みやすく、遠方から来た人の読み間違いを避けるためだったともいわれる。また、いまとなっては駅の表示を変えると費用がかかるという側面もある。四谷のほかにも同様の例は、中央線でも市ケ谷駅と市谷本村町《いちがやほんむらちょう》、市谷田町《いちがやたまち》などの地名にも当てはまる。

住所としてはたしかに四谷であるが、そのルーツは四ツ谷のほうにあったのである。

御茶ノ水には、お茶を沸かすための水があった！

中央線 JC 03 JB 18

御茶ノ水
おちゃのみず
Ochanomizu

千代田区神田駿河台《するがだい》にある御茶ノ水駅の周辺は、楽器店が軒を連ねる音楽の街として知られている。また、エリア内に明治大学、日本大学、順天堂大学、東京医科歯科大学など大学のキャンパスが多く、都内有数の学生の街になっている。文京区大塚にあるお茶の水女子大学も、かつてこの御茶ノ水の地にあったため、その歴史を受け継いで名前を残したものである。

お茶に水で「御茶ノ水」とは、一風変わった名前だが、由来は文字通りお茶と水に関係がある。もちろんただの水ではなく、将軍家が飲むお茶のために献上された水が、この地で湧いていたことからつけられた名前である。

この水は、高林寺《こうりんじ》の湧き水である。慶長年間（一五九六～一六一五）のある日、二代将軍の徳川秀忠《ひでただ》が高林寺で休憩していた際、この湧き水で点てたお茶を飲んだところ、大変おいしかったためにこの水を気に入り、以後は将軍家専用のお茶用の水として献上されるようになった。

神田川に架かる御茶ノ水橋から見た御茶ノ水駅周辺の地形。もとの地形を深く掘削して神田川を通したことがわかる。

これをきっかけに高林寺周辺の一帯は、御茶ノ水という地名で呼ばれるようになったが、その湧き水の場所はどこだろうか。

じつはその湧き水、現在は存在しない。もともと神田山と呼ばれる台地の中央に湧いていたが、一六二〇（元和六）年、江戸城防衛と江戸市中の洪水防止のために神田川が掘られた際、神田川の端になった。その後、一七二九（享保一四）年の洪水の際、湧いている場所ごと水中に没してなくなってしまったのである。

そのため、いまでは名水の名残といえば、御茶ノ水という駅名のほか、駅の出入り口である御茶ノ水橋口前の交番の脇にある石碑がわずかにその歴史を伝えるのみとなっている。

中央線

JB 17

水道橋

すいどうばし

Suidōbashi

水道橋の由来は、その名の通り本当に水道が川を渡ったから

水道橋の駅名の由来はと聞かれたら、「近くに水道橋があるから」と答える人がいるかもしれない。おそらくそう答えた人が指す水道橋とは、水道橋駅の東口から東京ドーム方面へ向かうときに神田川を渡る白山通りの橋のことだろう。しかし、この橋は同じ名前ではあるが、駅名の由来とは関係ない。

そもそも水道橋とは、「水の通り道となる橋」のことである。江戸市中は飲み水の確保がとても難しい都市だった。その理由は、江戸が東京湾に面する低湿地で、井戸を掘ったとしても海水が湧き出す場所が多く、上水道にはなりえなかったのである。そうなると飲み水を確保するには、周囲の川の水を使うしかない。徳川家康は江戸へ入城する際、まず上水道の整備に取り組んだ。

当初は高田川の水を引いた小石川上水（文京区）がつくられたが、江戸の人口の増加や参勤交代などで江戸へやってくる人々の増加により、それだけでは足りなくなった。そこで次に井の頭池（武蔵野市）の水を利用することにした。

井の頭池から、善福寺川《ぜんぷくじがわ》、妙正寺川《みょうしょうじがわ》を流れた水を、江戸市中まで引いてくるのだが、現在の後楽園のあるあたりで、神田川とぶつかってしまう。ほかの川と合流しては、せっかくの上水道の意味がない。そこできれいな水を通す橋（懸樋《かけひ》）を人工的につくったのである。懸樋を流れたきれいな水は、神田川の向こう岸に着いたら地中にある木管や石樋を通るようにした。

つまりこの橋こそが水道橋で、そもそも人が通る橋ではなかったのである。

江戸の水は徹底管理されたものだった

では、江戸の町まで流れついた井の頭池の水は、どのようにして人々に届けられたのだろう。江戸市中では、地中に上水道が張り巡らされ、町のあちこちにこの上水道の水を貯める枡が置かれていた。人々は、各所に設けられた貯水枡から桶で水を汲んで使っていた。よく時代劇などで町民が井戸を使うシーンがあるが、井戸の水はもっぱら洗濯や食器を洗うときに使い、貯水枡の水を飲み水や炊事用にしていた。

貯水枡に不純物が紛れたりしないように、幕府は水番人を置いて監視したり、ゴミなどが入ったら取り除くなど手入れが行き届くような体制となっていた。江戸時代にこれほど水質管理に心を砕いていたとは驚きである。

旧武蔵国の一部だけが武蔵野市を名乗る事情

中央線 JC 11 JB 02
吉祥寺
きちじょうじ
Kichijōji

中央線 JC 13
武蔵境
むさしさかい
Musashi-Sakai

武蔵野市の中心街といえば、誰もが吉祥寺駅周辺を挙げるだろう。駅前にはデパートや専門店などの商業施設が多く集まる商業圏があり、少し離れると井の頭公園を中心とする緑多い閑静な住宅地になる。

武蔵野市には吉祥寺駅周辺のほかにも、三鷹駅から北側の文化・行政ゾーンや、武蔵境駅を中心とした大学施設と日赤病院を含む教育・医療ゾーンが広がり、良好な住環境が整った自治体となっている。

吉祥寺も含め、これら三つのまとまりが武蔵野市の主要な地域だが、これらは武蔵野という場所のたった一部分。武蔵野とは、埼玉県の南部から多摩川一帯に至るエリアであり、武蔵野市域よりももっと広大である。

江戸時代末期の『新編武蔵風土記稿』によると、北は埼玉県の川越、南は多摩丘陵との境界、東は現在の東京湾、西は秩父山地が武蔵野の範囲だったという。当時の武蔵野は一〇もの行政区分に分けられていたともいわれる。つまり現在、私たちが武蔵野市と呼んでいるのは、昔の武蔵野の一部に過ぎないのである。

名前の取り合いを解決するため武蔵野市に

では、なぜ広大な武蔵野のなかで、吉祥寺や武蔵境の一帯だけが「武蔵野」を名乗っているのだろうか。

武蔵野という名前がはじめてつけられたのは一八八九（明治二二）年。それまであった吉祥寺村、境村、関前村《せきまえ》、西窪村《にしくぼ》の四か村と井口新田《いぐちしんでん》の飛び地が、この年に施行された町村制にともなって合併し武蔵野村になった。

このとき、新しい村名をなかなか決められなかった。四か村の規模はほとんど横並びでありどこが中心ともいえず、どれか一つの村名を継承することに抵抗があった。

なかなか新村名が決まらないことに業を煮やした明治政府からは、「期日までに新村名を届け出なければ、一番大きな村の名をそのまま新村名とする」とのお達しが出る。しかし一番大きな村といっても、前述の通りその規模はどこも同じようなもの。また四つの村に共通する特徴というのも見当たらない。

悩んだ四か村は、一帯の広域地名である「武蔵野」をつけようということになった。旧国名を冠した由緒ある地名だったが、そもそもはやむなく命名したというのが真相である。

中央線 JC23

西八王子
にしはちおうじ
Nishi-Hachiōji

八王子千人同心が由来の千人町は、もともと五百人町

八王子駅の西隣には、西八王子駅がある。都心部のベッドタウンとして多くの人が住んでおり、高層マンションが立ち並ぶ。駅の周辺には法政大学多摩キャンパスや拓殖大学八王子国際キャンパスがあり、学生も多く居住している町だ。

この西八王子駅から北側一帯の住所は千人町《せんにんちょう》である。「人」がついている地名は珍しいが、これは江戸時代にこの一帯に住んでいた八王子千人同心《せんにんどうしん》に由来する名前だ。

千人同心とは、徳川家康が江戸防御のために八王子に置いた、武田家遺臣を中心とした部隊である。ただ、何も事が起こらなければ拝領していた田畑を耕す半武士半農民だった。特別に与えられた役目は、日光東照宮の火の番をする「日光火消番」や、江戸の大火事の際の出動ぐらいで、一時期は蝦夷地《えぞち》（現・北海道）の開拓を行なったこともある。

住んだ人数を考えると百数十人町

この千人同心が住んでいた町だから、千人町という地名になったわけだが、じつはもと

もと五百人町《ごひゃくにんちょう》だったことは、あまり知られていない。

一五九〇（天正一八）年の発足当初は、一〇〇〇人もいなかった。当時はわずか二五〇人で、千人同心という名前も与えられていなかった。

翌年には現地でもう二五〇人を増員し、総勢五〇〇人になった。やがて一五九三（文禄二）年に現在の千人町の場所に屋敷地を与えて移転。このとき、同心は五〇〇人だったため、屋敷地は「五百人町」という地名で呼ばれていたのである。

その五百人町が千人町になったのは一五九九（慶長四）年。代官の大久保長安《おおくぼながやす》が武田家と北条家の遺臣から追加で五〇〇人を選んで同心に起用し、合計で一〇〇〇人になったことからだ。

しかし、実際に一〇〇〇人全員が暮らしていたわけではなく、この地に住んでいた人数は少ない。千人同心は一〇〇人の隊が一〇隊あり、隊ごとに頭が一人、組頭が一〇人、残りが一般の同心という形だった。頭の一〇人が千人町に屋敷を拝領し、各組の組頭と同心を合わせて一〇人ほどが頭の屋敷の前に住んでいたが、残りの同心たちは八王子の周辺の多摩のほか入間、高麗、津久井、高座などの一四六か村に分散して暮らしていた。もっとも遠隔地では二二キロメートルも離れた上直竹《かみなおたけ》村（現・飯能市上直竹）だった。

つまり実態は千人町どころか、たった百数十人町だったのである。

中央線のイメージリーダー 国立の由来は、両隣の駅にアリ！

中央線 JC 18
国立
くにたち
Kunitachi

国立駅は中央線沿線のなかでも、上品で落ち着いた雰囲気の街として知られている。南口を降りると、目の前にロータリーがあり、そこから放射線状に三本の通りが伸びている。

秀逸なのは南北に通じる幅約四四メートルの大学通りで、桜とイチョウの並木道が続く。春には桜が咲き誇り、秋にはイチョウが黄色い絨毯を敷き詰める。その美しい街並みは「新東京百景」や「新・日本街路樹一〇〇景」にも選ばれている。大学通りに面するのは一橋大学のキャンパスで、ほかにも市内には桐朋学園（大学等は除く）や東京都立国立高校、国立音楽大学の付属小中学校などがあり学園都市でもある。

近隣の中央線の駅が駅ビルを持ち、繁華街を形成するなかで、国立はいまも変わらず落ち着いた街並みを維持しており、中央線のイメージリーダーといっても過言ではない。

その美しい街並みを維持しているのは、地域住民が率先して住環境を守る意識を持ち、守り続けているからだ。ビルも法律で決められた高さ制限より低く建てるように努めるなど、住民の意識が高い。パチンコ店などの遊興施設がないのは、戦後に国立が文教地区に

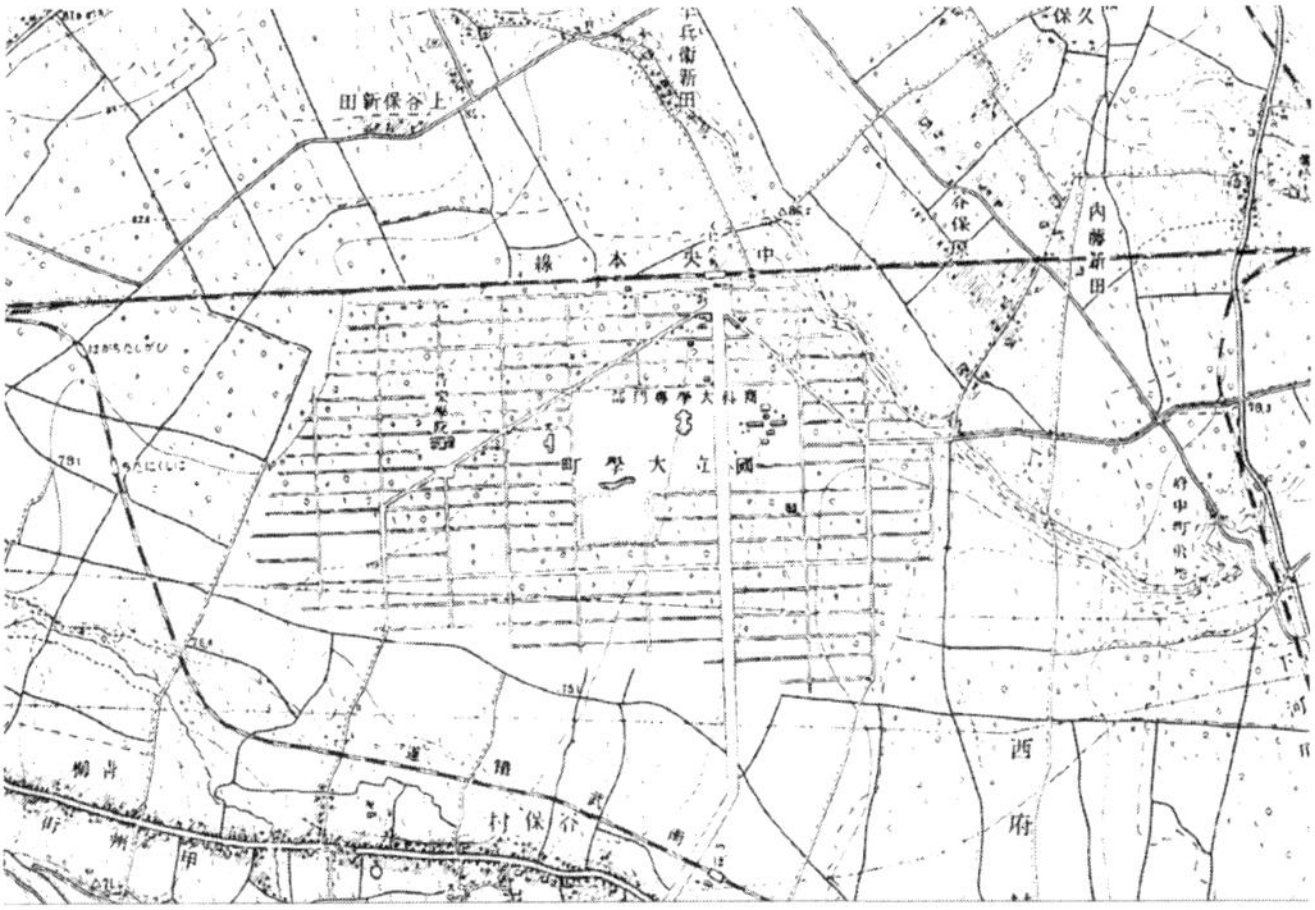

1930（昭和5）年の地図。広い野原にまったく新しくつくられた町であることがわかる。（時系列地形図閲覧サイト「今昔マップ on the web」（©谷謙二）により作成）

指定されているため、教育上好ましくないとされる業種の出店を認めていないからである。

国分寺と立川の間だから「国立」

大人な雰囲気漂う国立だが、その名前は意外にも簡単な理由でつけられた。

現在国立駅がある場所は、国分寺と立川の間にある谷保《やほ》村という地名だった。一八八九（明治二二）年の甲武鉄道開業時には駅はなく、中央線が通り過ぎるだけの村だった。

しかし両駅の間に距離があるため、途中にもう一つ駅がつくられることになった。新駅をつくるために動いたのは、西武鉄道や箱根土地株式会社（のちのコクド）を牽引する堤康次郎《つつみやすじろう》氏だ。堤氏は、学園都市と呼ばれる大学町をつくることを目標に大泉学園都市や小平学園都市などを開発していた。しかし、両者ともに開発は成功とはいえなかった。そんな堤氏が次に白羽の矢を立てたのが、谷保村だった。

堤氏率いる箱根土地は、沿線に約一〇〇万坪もの土地を購入し、新駅をつくって鉄道省に寄付し、関東大震災でキャンパスが潰滅していた東京商科大学（現・一橋大学）に土地交換を申し出た。

こうして新たな駅ができたわけだが、線路は谷保村のはずれを通っていたため、駅ができたのも村はずれ。当時は武蔵野の雑木林が残る田園地帯で人家もまばらだった。そこで、谷保駅という名前はいま一つピンとこないと、堤氏が考案した駅名が「国立」だったのだ。理由は、国分寺駅と立川駅の中間にあるから。両駅の頭文字を取ったというのだから、シンプルな命名だったといえるだろう。

その後、駅前には次第に家が増え、谷保村の中心地は国立駅前に自然に移動することになった。谷保村は一九五一（昭和二六）年の町制施行で町になったのだが、当時はすっかり「国立」という駅名のほうが有名になっていたので、国立を町名にしたのである。一九六七（昭和四二）年には市に昇格し、そのまま国立市となっている。

交通の要衝である拝島駅が「昭島市」に所属する深〜いワケ

青梅線 JC 55
拝島
はいじま
Haijima

青梅線 JC 54
昭島
あきしま
Akishima

青梅線で立川駅から奥多摩方面へ向かい、西立川駅を過ぎると昭島市へ入る。東中神駅、中神駅、昭島駅を越えると拝島駅へ到着する。

拝島駅は青梅線だけでなく、八高線と五日市線にも接続している。さらに西武拝島線の終点にもなっており、青梅線ではもっとも乗り入れ路線の多い駅といえるだろう。一番線に五日市線、二・三番線に青梅線の上下、四・五番線に八高線の上下が発着する。だが拝島駅の住所は昭島市拝島町である。なぜ拝島は、市名にならなかったのか。

その理由は、昭島という名前に隠されている。昭島市は一九五四（昭和二九）年に昭和町と拝島村が合併して生まれた自治体である。その際、「昭和」と「拝島」の二つの名前から「昭」と「島」を取り新しい自治体名をつけた。つまり昭島は、合併に際してつくられた合成地名というわけだ。

合併に際して一文字ずつ合わせるのは、全国的にもよくある手法だが、昭島市の場合は複雑な事情があった。

赤痢の流行で拝島村が組合を抜ける

そもそも現在の昭島市域には、江戸時代には郷地《ごうち》村、福島村、築地《つきじ》村、大神《おおがみ》村、中神村、宮沢村、上川原《じょうがわら》村、田中村、拝島村という九つの村があった。この九つの村が一八九〇（明治二三）年に九か村組合をつくっていた。組合とは、複数の町村が財務や事務処理を共同に行なう行政組織である。

しかし、一九〇二（明治三五）年に拝島村が組合から独立してしまう。当時、赤痢《せきり》病が全国的に大流行し、多くの死亡者が出ていた。九か村組合に属している村々も例外ではなかったが、もっとも多くの患者を出していたのが拝島村だった。

病気の拡大を防ぐには、膨大な金額の衛生費が必要となるが、それは組合全体で負担する。しかし、患者は拝島村に各段に多い。患者の少ないほかの村としては、同じ組合というだけで多額の衛生費を負担するのはおかしいという不平が出た。そこで、いっそ拝島村を組合から除外してしまおうという意見が出て、拝島村以外の八か村で「三好野村」という仮称で独立村制を施行しようという動きが生まれた。

これを知った拝島村は、除外されるぐらいなら、いっそこちらから抜けると猛反発。そのまま九か村組合から分離独立してしまったのである。

九つの村に分かれていた昭島市域

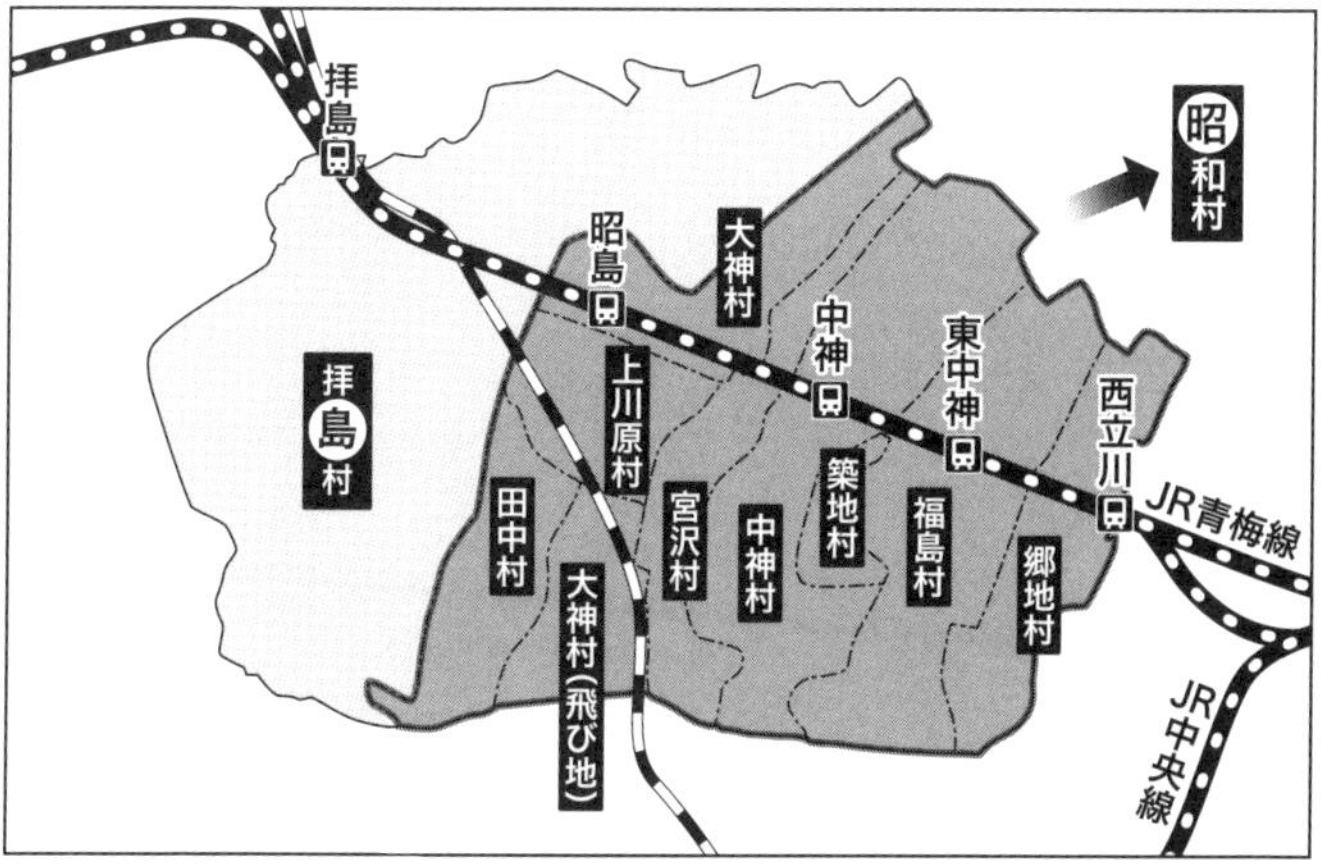

拝島駅や昭島駅がある昭島市域はかつては九つの村の組合だった。しかし拝島村が脱退し、八か村が合併して昭和村(のちの昭和町)に。やがてその二つが合併して、一文字ずつ名前を引き継いだ昭島市となった。

こうして残った八か村は、村役場を大神村におき、新たに八か村組合として村営を続けることになった。しかし、組合村という形態は何かと不便な点が多かった。

そこで、八か村組合を一つの村にしようという動きが徐々に強まっていき、一九二八(昭和三)年にようやく合併した。このとき、昭和天皇の即位を記念して、新しい村名は昭和村となった。やがて昭和村は、一九四一(昭和一六)年に町制施行を行ない、昭和町となった。

団結の意志が込められた「昭島」

こうして生まれた昭和町と、かつて同じ組合仲間でありながら、途中で分裂した拝島村が再び合併したのは、前述の通り一九五四年のことである。当時は各地方で著しく人口が増大しており、より広範な自治体が求められていた。そこで政府が町村合併促進法案を公布し、町村の枠を越えた市制が推進されていた。

当初、昭和町はそのまま「昭和市」になるつもりでいたが、規模が足りなかった。当時、市政を施行するには、人口三万人以上という基準があり、昭和町はその数字に達していなかったのである。そこで、拝島村と合併して市制を施行したいと考えるようになり、拝島村へ合併を申し入れた。

これを受けて拝島村議会では、同じ北多摩郡に属し、かつ一九〇二年までは同じ九か村組合の一員だったことや、共同で組合病院を経営していること、登記所などの関係官庁が同じであることを理由に、合併の申し入れを受けることが採択された。両自治体の合併が決まったのである。

こうして、現在の都内二六市のうち、八王子、立川、三鷹、青梅、府中に続く第六番目の市として昭島市が誕生した。昭和村の「昭」と拝島村の「島」を取って名づけられた市名には、「両町村の恒久的和合と団結および合併により一となる記念の意味」が込められている。一度分裂した歴史があるだけに、団結への強い思いが込められた市名だったというわけである。

難読駅名「軍畑」は青梅で起こった大合戦が由来

青梅線 JC67
軍畑
いくさばた
Ikusabata

青梅線の青梅駅からさらに西へ、観光地である御嶽駅の二つ手前に「軍畑《いくさばた》」という名前の駅がある。青梅線の難読駅名として知られており、青梅線と縁の薄い人は、最初は読み方に戸惑う。奥多摩の山々に囲まれたのどかな場所にある小さな無人駅だが、「軍」と書いて「いくさ」と読ませる駅名は、その風景とかけ離れたなかなかにタフだ。

軍畑の由来は、駅前に掲げられている案内板にある。その案内板には、この地が、戦国時代に青梅一帯を治めていた三田《みた》氏と、南関東を支配していた北条《ほうじょう》氏が激しい合戦を繰り広げた土地であることが記されている。

のんびりした空気の場所に血塗られた歴史があったことに驚きだが、それはどのような戦いだったのだろうか。

三田氏と北条氏が激闘を繰り広げた古戦場

三田氏は、約二五〇年にわたって青梅一帯を治めた武蔵国の国人で、平将門《たいらのまさかど》の後胤《こういん》と称し、室町時代には関東管領山内上杉氏に属していた。

戦国時代になると、北条早雲《そううん》を祖とする北条氏が急速に勢力を伸ばし、三田氏は危機に陥る。伊豆国や相模国を制圧した北条氏は、関東制覇を目指して武蔵国に進出してきた。その勢いはすさまじく、一五四六（天文一五）年には扇谷上杉氏が北条氏に制圧され、五年後には、三田氏の主家である山内上杉氏も関東から追放された。

これにより武蔵国の守護代だった大石氏も北条氏に帰順し、多摩郡の東部は北条氏が掌握することになった。そんな渦中にあっても三田氏は依然として勢力を保ち、多摩郡の西半分を掌握していたが、山林資源が豊富で多摩川水運の利便性もあるこの土地を、北条氏が見逃すはずもない。

北条氏の圧力に対し、三田氏も一度は北条氏に服したが、山内上杉氏の跡を継いだ上杉景虎《かげとら》（のちの上杉謙信《けんしん》）が関東に進出し、北条氏の本拠地である小田原城を攻撃するなど対北条作戦を行なったために、三田氏は北条氏に背いて上杉方についた。

しかし、これが三田氏の命運を決めることになる。数か月もしないうちに景虎は、関東を離れてしまったのである。

景虎という後ろ盾を失った三田氏に、北条氏が襲い掛かった。一五六三（永禄六）年、三田氏は、本拠地である勝沼城《かつぬまじょう》（現在の東青梅駅の北側）から、山上の砦である辛垣城《からかいじょう》へ移り、防備を固めて北条氏を迎え撃つ体制を整えた。辛垣城とは、勝沼城を居城としていた三田氏が、一五六〇年代に築いた新たな城のことで、軍畑駅の東隣である二俣尾駅の北側にある標高約四五〇メートルの辛垣山の頂上に築かれた山城だ。三方は険しい急斜面で、西側から通じる道も急な坂道となっている天然の要塞だった。

これに対し、滝山城にいた北条氏照《うじてる》が軍勢を率いて西に進軍。梅ヶ谷峠を越え、多摩川を押し渡り、檜沢から攻めかかってきた。

辛垣城には三田氏八〇騎が籠城して北条軍を迎え撃ったが、組織だった攻撃を仕掛けてくる北条軍の軍事力には敵うべくもなかった。このとき両軍が衝突したのが、北条軍が渡河した直後にある檜沢の入り口のあたりである。ここでもっとも激しい戦いが繰り広げられたため、のちに軍畑と呼ばれるようになったのである。

三田勢は必死に戦ったものの敗北する。そして激戦のなか辛垣城は炎上し落城した。これにより三田氏は滅亡し、以後、青梅一帯は北条氏が支配する土地となった。

現在、辛垣山の頂上には、かつてこの地にあった辛垣城についての案内板があり、その歴史が伝えられている。江戸時代から大正末期まで行われた石灰石の採掘によって山頂の平坦部は崩れており、城郭の遺構を確認することは難しいが、眼下にはかつて北条氏が多摩川を越え、三田氏に攻め込んだ軍畑の地を望むことができる。

御嶽駅が御嶽にないってホント!?

青梅線
JC 69
御嶽
みたけ
Mitake

御岳山《みたけさん》登山や御嶽《みたけ》神社への参詣、そして多摩川沿いの御嶽ボルダーなど、一帯の行楽の玄関口として賑わっているのが、青梅線の御嶽駅である。駅の住所も青梅市御嶽本町三一〇とまさに御岳山ゆかりの駅であることは間違えようがない。しかし、御嶽駅がある場所は、かつて御嶽の地域ではなかった。

本来、御岳山にちなんだ御嶽という地名がついていたのは、御嶽駅の対岸の地域である。御嶽駅のそもそもの住所は沢井上分《かみぶん》横《よこ》尾《お》であった。東西（横）に広がった惣岳山《そうがくさん》からの尾根筋の、ちょうどその尾の部分にあたることから「横尾」という地名になったといわれている。

いわれてみれば御岳山へ行く場合、御嶽駅からバスで約一〇分のところにある御岳山登山鉄道の滝本駅からケーブルカーに乗らねばならず、御岳山までかなりの距離がある。

ではなぜもとは御嶽の地域ではないのにもかかわらず、御嶽駅と名乗るようになったのか。それは当時の鉄道会社のイメージ戦略の賜物だった。

二俣尾駅から御嶽駅までの路線が開通したのは一九二九（昭和四）年のことである。この頃の青梅線は、それまで豊富に採取されていた石灰岩の産出が減り、石灰輸送の役目を終えようとしていた。このまま輸送が下火になれば、やがて廃線になってしまう。そうならないための対策として、貨物輸送から旅客輸送へメインの事業を変えることを目標にした。

御嶽駅の駅舎。観光用としてつくられたこともあり、唐破風の見事な和風建築となっている。

とはいえ、ただ「列車に乗ってください」と呼びかけても、旅客が増えるわけはない。当時、青梅線を走らせていた青梅電気鉄道は、沿線の魅力を紹介して、乗客を呼び込もうと考えた。そこでPRしたのが、御岳山周辺へのレジャーだった。観光路線としてのイメージを強調するために、駅名は、観光の目玉である御岳山にちなみ御嶽駅としたのである。その後、住所も「御嶽本町」に代わったことを考えれば、このイメージ戦略は見事に成功したといえるだろう。

鳩ノ巣の由来は本当にハトの巣があったから！

青梅線　JC 72

鳩ノ巣
はとのす
Hatonosu

青梅線で奥多摩へ向かうと、終点奥多摩駅の二つ手前に鳩ノ巣駅がある。石積みを摸した基礎の上に丸太組みのような山小屋風の駅舎は、一九四四（昭和一九）年に開業した姿のままで風情たっぷり。駅舎のすぐ後ろに山が迫っているのも、いかにも山に来たという気分を駆り立てる。

この鳩ノ巣駅を出て青梅街道を横断し、多摩川へ降りると、多摩川随一の景勝地である鳩ノ巣渓谷がある。巨岩奇岩の間を縫うように多摩川の清流が白波を立てて勢いよく流れる様子は圧巻である。

この鳩ノ巣の由来は、名前の通りハトの巣があったことにちなんでいるが、そう呼ばれるのは歴史上の出来事がきっかけである。それは、一六五七（明暦三）年に江戸市中で起きた明暦の大火である。

火災のあと、江戸の町の復興と江戸城の一部を修理するため大量の木材が必要になった。そこで、奥多摩から多くの材木が多摩川の水流を利用して江戸へ送られることになり、多

玉川水神社から鳩ノ巣渓谷を望む。この神社にあった木の上で二羽のハトが巣作りしたため、鳩ノ巣という地名が生まれた。

摩川沿岸には作業員を泊める飯場小屋が各地に建てられ、現在の鳩ノ巣渓谷にも飯場小屋と、水運を司る水神《みず》社がつくられた。この水神社というのが、鳩ノ巣渓谷沿いに現在も鎮座する玉川水神《たまがわみず》社である。

林業の作業が進むうち、神社の森につがいのハトが巣をつくった。朝夕、二羽のハトがエサを運ぶ姿が睦まじかった。作業員たちは神社に住んだこのハトに親しみを覚え、やがてその場所を指すときに「鳩の巣のところ」と呼び交わすようになったという。こうしていつしか「鳩ノ巣」という地名が生まれたのである。

都会からアクセスのよい奥多摩の観光地として人気の鳩ノ巣。清流を眺めているだけで癒されることは間違いない。

白丸という地名は、もともと城丸だった！

青梅線 JC 73

白丸
しろまる
Shiromaru

白丸駅は、青梅線の終点・奥多摩駅の一つ前の小さな無人駅である。駅のホームに民家の勝手口がつながっている場所があり、はじめて訪れた人がよくわからず駅を出ようとしたところ、あやまって民家の庭に入ってしまったということもあるらしい。

ホーム上にある待合室には、白い天幕がかけられている。これが白丸という駅名の由来かと思ってしまうが、じつはそうではない。この白丸の由来を探ると、もともと「城丸《しろまる》」という表記だったという。江戸時代の武蔵国多摩郡の地誌である『武蔵名勝図会《ずえ》』には、確かに「城丸」と書かれている。

ところが、いつ頃か不明だが、「城」という字をカタカナで「ジャウ」と書くべしとのお達しが出た。「城丸」は「ジャウ丸」と表わさなくてはならなくなったのである。しかし、長年「しろまる」と呼んでいた地名である。地元としては、そのまま音を残したい意向があった。そこで、「城」という字を同じ音の「白」という漢字に置き換えて、「白丸」になったという。

本来の地名「城丸」の由来とは

もともと城丸という地名だったこの地は、城に関係していた場所だ。『武蔵名勝図会』によると、白丸駅の前にある標高七五九メートルの山を「城山《しろやま》」と呼んでいた。頂上付近は、南北三〇間（約五五メートル）、東西二〇間（約三六メートル）ほどの広さの平地があり、そこではきれいな水が湧いていたという。

そしてこの場所は、ある有名武将が城を構えた場所でもある。複数の史書で伝わるその人物とは、なんと平将門であるらしい。

平将門は、平安中期の武将である。若い頃は上京して藤原摂関家に仕えていたが、のちに帰郷して関東地方で勢力を拡大し、九四〇（天慶三）年に乱を起こして処刑された武将である。東京丸の内に首塚があることで有名だ。『武蔵名勝図会』のほか『新編武蔵風土記稿』などの史書によれば、この平将門が、白丸駅の南東側にある山に居城を構えていた。そのとき将門は、この山を「遠見の地」、つまり遠くのようすを見るための軍事施設として使っていたという。将門の山は現在、城山と呼ばれている。

長閑な無人駅のようすとは裏腹に、白丸一帯は、平将門が城を構えた軍事上の要地だったのである。

青梅線 JC 74

奥多摩
おくたま
Okutama

いまは地名になった奥多摩だが、もともとは登山用語

奥多摩駅は、東京都の駅のなかでもっとも西に位置している。一帯の登山基地となっており、多くの登山客で賑わっている。

しかしこの駅は、一九七一（昭和四六）年まで、氷川《ひかわ》駅という駅名だった。氷川とはもとの一帯の地名で、奥多摩という名称よりもはるかに古い。では、いったいいつ頃から「奥多摩」と呼ばれるようになったのか。

奥多摩町のホームページを見ると、その由来が載っている。奥多摩町の成立は、一九五五（昭和三〇）年のことで、古里《こり》村、氷川町、小河内《おごうち》村の三つの町村が合併してできた。これが、奥多摩という名称が行政上に登場した初出である。

しかし奥多摩という呼び名自体は、もう少し古く、昭和の初め頃とされている。

当時、日本百景の選定が行なわれていた。その一つに、多摩川上流の「奥多摩渓谷」が推奨されたのである。以後、水と緑に恵まれ、自然豊かなこの地にふさわしい呼び名であるとして、奥多摩という名称が使われるようになったという。

リーフレットのタイトルが由来

奥多摩のきっかけには、別の説も唱えられている。安藤精一著『奥多摩歴史物語』では、一九二七（昭和二）年頃と、年代的にはほぼ同時期としながら、奥多摩山岳会初代会長を務めた川鍋太郎氏の話として、次のようなことが紹介されている。

昭和初期、東京に住む都会人の間では、自然を楽しむレジャーがブームとなっていた。そうした自然愛好家へ配られたのが「奥多摩アルプス奥多摩川案内」というリーフレットである。このときは奥多摩という地域名はなかったものの、「奥多摩アルプス」「奥多摩川」という呼び名がすでに存在していたようだ。

このリーフレットが再版されるとき、タイトルが「奥多摩案内」へと変更された。つまり「アルプス」と「川」という文字が削除されたわけである。どのような意図があって削除したのかはわからないが、この再版のリーフレットのタイトルから、「奥多摩」という言葉が次第に広がっていったという。

もっとも、どちらの説でも共通しているのが、観光名所として認知される過程で「奥多摩」という言葉が次第に広がっていったことだ。昭和の時代から奥多摩は都民の憩いの場所として魅力があったようだ。

〈参考文献〉

『昭島市史』昭島市史編さん委員会編（昭島市）／『小金井市誌Ⅱ 歴史編』小金井市誌編さん委員会編（小金井市役所）／『立川市史 下巻』立川市史編纂委員会編（立川市）／『武蔵野市史』武蔵野市史編纂委員会編（武蔵野市役所）／『郷土あれこれ 第27号』（あきる野市教育委員会）／『青梅市史 下巻』青梅市史編さん委員会編（東京都青梅市）／『青梅歴史物語』（青梅市教育委員会）／『青梅市文化財ニュース 第３１５号』（青梅市文化財保護指導員連絡協議会）／『特別展 青梅線開通１２０周年』青梅鉄道資料調査会（青梅市郷土博物館）／『広報日の出 第４７５号』（日の出町）／『多摩のあゆみ 第7号』たましん歴史・美術館歴史資料室編（財団法人 公益たましん文化財団）／『戦争を歩く・みる・ふれる』川崎・横浜平和のための戦争展実行委員会（教育史料出版会）／『多摩百年のあゆみ 多摩東京移管百周年記念』多摩百年史研究会編著（財団法人東京市町村自治調査会）／『多摩の近世・近代史』松尾正人編著（中央大学出版部）／『商学研究所報 第47巻第8号』（専修大学商学研究所）／『杉並郷土史叢書3 杉並風土記 上巻』森泰樹（杉並郷土史会）／『高円寺阿波おどり三十周年記念誌 どよめきの三十年 おどれ高円寺』／『めくるめく発展の四十年 おどれ高円寺 高円寺阿波おどり四十周年記念誌』（東京阿波踊り振興協会）／『東京の鉄道遺産 百四十年をあるく 上 創業期篇』『下 発展期篇』山田俊明、『中央線思い出コレクション』沼本忠次、『地図でたどる多摩の街道 30市町村をつなぐ道』今尾恵介、『なぜ多摩は東京都となったのか』梅田定宏（以上、けやき出版）／『総武線１２０年の軌跡』『永久保存版 中央線街と駅の１２０年』三好好三、『中央線 オレンジ色の電車今昔50年 甲武鉄道の開業から１２０年のあゆみ』三好好三、三宅俊彦ほか、『東京電車のある風景 今昔1』吉川文夫、『鉄道廃線跡を歩く １、３、４、５、７』宮脇俊三、『ＪＴＢの交通ムック15 図解でわかる地下鉄のすべて』（以上、ＪＴＢパブリッシング）／『多摩 駅名の由来』グループ「うつぎ」、『多摩の地名』保坂芳春（以上、武蔵野郷土史刊行会）／『多摩の歴史4 立川市／昭島市／福生市／瑞穂町／羽村市』『多摩の歴史6 青梅市／奥多摩市／檜原村／五日市町／日の出町』（武蔵野郷土史刊行会・有峰書店）／『市民のための八王子の歴史』樋口豊治、『奥多摩歴史散歩』大舘勇吉（以上、有峰書店）／『遺跡が語る東京の歴史』鈴木直人、谷口榮ほか編著、『東京の地名由来辞典』竹内誠、『消えた駅名』今尾恵介（以上、東京堂出版）／『中央線をゆく、大人の町歩き』鈴木伸子、『鉄道びっくり！ 博学知識』早稲田大学鉄道研究会（以上、河出書房新社）／『全国ユニーク鉄道雑学事典』川島令三（ＰＨＰ研究所）／『ＪＲ中央線・青梅線・五日市線各駅停車』山田亮、『地形を楽しむ 東京「暗渠」散歩』本田創、『東京ぶらり暗渠探検 消えた川をたどる！』（以上、洋泉社）／『ぐるり一周３４・５キロ ＪＲ山手線の謎』松本典久、『新撰組 知れば知るほど』松浦玲（以上、実業之日本社）／『東京の鉄道がわかる事典』武田忠雄、『鉄道の歴史がわかる事典』浅井建爾（以上、日本実業出版社）／『図説 江戸の下級武士』高柳金芳、『暗渠マニアック！』吉村生（以上、柏書房）／『明治生れの町 神田三崎町』鈴木理生（青蛙社）／『鉄道路線変せん史探訪 真実とロマンを求めて』守田久盛、高島通（集文社）／『オオクボ 都市の力 多文化空間のダイナミズム』稲葉佳子（学芸出版社）／『タマケン。知のミュージアム多摩・武蔵野検定公式テキスト』社団法人学術・文化・産業ネットワーク多摩（ダイヤモンド社）／『JR中央線あるある』増山かおり（TOブックス）／『東京都謎解き散歩』樋口州男（新人物往来社）／『全国鉄道事情大研究 東京西部・神奈川篇①』川島令三（草思社）／『東京「消えた山」発掘散歩』川副秀樹（言視舎）／『東京「駅名」の謎』谷川彰英（祥伝社）／『朝日新聞社機が撮った 中央線の街と駅［1960～80年代］』矢嶋秀一、朝日新聞社（フォトパブリッシング）／『中央線歴史散歩』萩原良彦（鷹書房）／『中央線誕生 甲武鉄道の開業に賭けた挑戦者たち』中村建治（イカロス出版）／『中央線なヒト』三善里沙子（ブロンズ新社）／『中央線がなかったら見えてくる東京の古層』陣内秀信ほか（NTT出版）／『多摩の鉄道百年』野田正穂、原田勝正ほか編（日本経済評論社）／『戦争の記憶を武蔵野にたずねて』牛田守彦、高柳昌久（ぶんしん出版）／『新宿学』戸沼幸市編著、青柳正人、高橋和雄著（紀伊国屋書店）／『新宿・街づくり物語 誕生から新都心まで三〇〇年』勝田三良監修、河村茂著（鹿島出版会）／『首都圏の国電』佐藤信之（グランプリ出版）／『図解雑学 日本の鉄道』西本裕隆（ナツメ社）／『関東・甲信越鉄道廃線跡ルートガイド』西本裕隆監修（メイツ出版）／『奥多摩歴史物語』安藤精一（星雲社）／『まるごと一冊！東京の地名由来』浅井建爾（ユーキャン学び出版）／トコトンやさしい鉄道の本』佐藤健吉編著（日刊工業新聞社）／『デジタル鳥瞰 江戸の崖 東京の崖』芳賀ひらく（講談社）／『タイムスリップ中央線』巴川享則、塚本雅啓、三宅俊彦（大正出版）／『東京35区地名事典』（岩垣顕）／朝日新聞／日本経済新聞／毎日新聞／産経新聞／東洋経済

〈ウェブサイト〉

武蔵野市／小金井市／新宿区／中野区／奥多摩町／東京市町村自治調査会／西多摩地域広域行政権協議会／東京観光財団／日野市観光協会／武蔵野市観光機構／三鷹市立図書館／荻窪警察署／拓殖大学／日本将棋連盟／東京高円寺阿波おどり振興協会／JR東日本／ジェイアール東日本都市開発／高円寺ナビ／阿佐谷パールセンター／阿佐ヶ谷ナビ／東京にしがわ大学／煉瓦研究ネットワーク／多摩てばこネット／浅川地下壕の保存をすすめる会／タチカワオンライン／すぎなみ学倶楽部／高尾通信／Jタウンネット／三井住友トラスト不動産／武陽ガス

〈取材協力〉

JR東日本／日野市

監修者

天野宏司　（あまの　こうじ）

山梨県生まれ。東京学芸大学教育学部初等教育教員養成課程卒業。東京学芸大学教育学研究科社会科教育専攻修士課程、國學院大學文学研究科日本史学専攻博士課程、福生市教育委員会文化財総合調査委員、巣鴨学園中・高等学校非常勤講師、國學院大學文学部非常勤講師を経て、現在、駿河台大学現代文化学部教授。専門は歴史地理学で、とくに地域開発、観光開発を研究テーマとする。おもな共著書として、『熊川分水』、『福生の砂利線・渡船』（福生市教育委員会）、『近代日本の地域形成』、『読みたくなる「地図」東日本編』（海青社）、『多摩市町村のあゆみ』（公益財団法人 東京市町村自治調査会）などがある。

※本書は書き下ろしオリジナルです。

じっぴコンパクト新書　350

JIPPI Compact

JR中央線沿線《ちゅうおうせんえんせん》の不思議《ふしぎ》と謎《なぞ》
東京近郊編《とうきょうきんこうへん》

2018年7月11日　初版第1刷発行

監修者……………天野宏司
発行者……………岩野裕一
発行所……………株式会社実業之日本社
〒153-0044 東京都目黒区大橋1-5-1 クロスエアタワー8階
電話（編集）03-6809-0452
　　（販売）03-6809-0495
http://www.j-n.co.jp/
印刷・製本…………大日本印刷株式会社

ISBN978-4-408-33809-5（第一趣味）